中华武术典籍珍藏

「十四五」国家重点出版物出版规划项目
国家古籍工作规划项目
国家古籍整理出版专项经费资助项目

中国武术研究院藏清抄本校释

捌

第八卷

国家体育总局武术研究院　编写
中国武术协会　审定

北京体育大学出版社

丛书策划编辑：孙宇辉　钱春华
丛书责任编辑：吴　珂
本卷责任编辑：吴　珂　牛潇皎
本卷责任校对：孙宇辉
封　面　设　计：王齐云
版　式　设　计：北京华泰联合图文设计制作中心

图书在版编目（CIP）数据

中国武术研究院院藏清抄本校释. 第八卷,《万别轻传·战谱底部》《地龙经》《廿八宿硬棍着》《六合棍》《单刀谱》《文武修》《文武备》/ 国家体育总局武术研究院编写. -- 北京：北京体育大学出版社，2024. 5.
（中华武术典籍珍藏）. -- ISBN 978-7-5644-4126-5
Ⅰ. G852
中国国家版本馆 CIP 数据核字第 2024NJ9794 号

中国武术研究院院藏清抄本校释　第八卷
ZHONGGUO WUSHU YANJIUYUAN YUANCANG QINGCHAOBEN JIAOSHI DI-BAJUAN
国家体育总局武术研究院　编写

出版发行：北京体育大学出版社
地　　址：北京市海淀区农大南路 1 号院 2 号楼 2 层办公 B-212
邮　　编：100084
网　　址：http：//cbs.bsu.edu.cn
发 行 部：010-62989320
邮 购 部：北京体育大学出版社读者服务部 010-62989432
印　　刷：北京瑞禾彩色印刷有限公司
开　　本：880mm × 1230mm　　1/32
成品尺寸：143mm × 210mm
印　　张：15.75
字　　数：343 千字
版　　次：2024 年 5 月第 1 版
印　　次：2024 年 5 月第 1 次印刷
本册定价：130.00 元
丛书定价：998.00 元

中华武术典籍珍藏·中国武术研究院院藏清抄本校释编委会

第一卷

执行主编：耿　彬

编　　委：李远伟　杨红光　杨　强

第二卷

执行主编：杨红光

编　　委：李远伟　杨　强　耿　彬

第三卷

执行主编：李远伟

编　　委：杨红光　杨　强　耿　彬

第四卷

执行主编：杨　强

编　　委：李远伟　杨红光　耿　彬

第五卷

执行主编：杨红光

编　　委：李远伟　杨　强　耿　彬

第六卷

执行主编：杨　强

编　　委：李远伟　杨红光　耿　彬

第七卷

执行主编：耿　彬

编　　委：李远伟　杨红光　杨　强

第八卷

执行主编：李远伟

编　　委：杨红光　杨　强　耿　彬

前言

武术，作为中华优秀传统文化的重要组成部分，是中华民族的智慧结晶，承载着中华民族的精神追求。自古以来，武术不仅是一种强身健体、自卫防身的技艺，更是一种修身养性、弘扬民族精神的文化载体。

习近平总书记在二〇二三年六月二日文化传承发展座谈会上的讲话中说道：『文化关乎国本、国运。只有立足波澜壮阔的中华五千多年文明史，才能真正理解中国道路的历史必然、文化内涵与独特优势』。中华民族的文化自信是建立在五千多年不间断文明传承基础上的。在推进中国式现代化建设的征程上，我们要找准中华文化的根和魂，坚定中国特色社会主义道路自信、理论自信、制度自信、文化自信。

一九八三年至一九八六年，国家体育运动委员会武术挖掘整理领导小组统一部署，各级体育运动委员会武术挖掘整理工作小组积极参与，全国八千余名专职武术工作者和业余爱好者被动员起来，开展了我国武术发展史上空前的『普查武术家底，抢救武术文化遗产』工作。经过三年努力，为收集保存武术文物、史料而开展的『献拳经拳谱、献兵械实物、献功法技艺』的『三献』活动，收集了一批文献资料、古兵器和其他实物，丰富了武术文物资料库。

拳谱典籍，作为中华文明历史长河中的珍贵文献，记录了武术的原始形态与发展脉络，它们是武术传承的见证，更是领略与参详古代武术文化思想和技艺传承的宝贵资料。然而，由于时代的变迁和语言的演变，这些拳谱对现代人来说，往往难以直接阅读和理解。因此，在新时代对这些抄本进行校释，不仅是对优秀传统文化的尊重，也是对武术发展的贡献。

本次校释工作，由国家体育总局武术研究院发起组织，精选出三十四份三十一种清代拳械技理抄本，委托郑州大学体育学院（现为河南体育学院）的多位武术学者和专家共同完成，北京体育大学出版社作为出版方协助编辑出版。他们秉持严谨求实的态度，历经长期艰苦的工作，对原稿进行了细致的校勘与注释，使这些珍贵的历史文献得以更加清晰、准确地呈现在读者面前。希望这些努力能够让更多的人了解武术的精髓，感受武术的魅力。

中华武术典籍珍藏·中国武术研究院院藏清抄本校释的顺利出版得益于二〇二三年度国家古籍整理出版专项经费的资助，这是武术类古籍编辑出版首次被该项目立项支持，体现了国家对于优秀传统文化的重视与扶持。同时，本丛书被列为『十四五』国家重点出版物出版规划项目，以及二〇二一年至二〇三五年国家古籍工作规划重点出版项目。

本丛书的出版，不仅为武术理论研究提供了『考镜源流』的史料支撑，也意味着一批清代武术珍本首次面世，对传承武术技艺、弘扬传统武术文化具有深远的影响。同时我们也要看到，对武术源流与发展的探究是一个既复杂又漫长的系统工程，武术古籍点校出版与后续的研究工作，仍然任重而道远，必须继续推进、不断深化。

武术的传承发展与中华民族的伟大复兴息息相关，从戚继光『抵御外侮』的壮志豪情，到中央国术馆『御侮图存』的精神追求，再到新时代基于文化自信的传统武术振兴实践，中华武术无疑是中国人自强不屈精神的生动体现与巩固中华文化主体性的坚强堡垒。我们愿与社会各界一起，深入探源在中华文明波澜壮阔发展历程中与之相伴相生的武术发展脉络，把武术历史研究引向深入。

饮水思源，不忘本初。本丛书的出版，离不开国家体育总局武术研究院历任领导的关心与关怀，他们的远见卓识和坚定支持，为丛书的编辑和出版奠定了坚实的基础。同时，也离不开众多国内外武术学者和专家的无私指导与贡献，在此不逐一列举。我们特别要向四十年前那些在武术挖掘整理工作中慷慨捐赠武术典籍的人士致以最诚挚的敬意和衷心的感谢。正是他们的无私奉献和慷慨支持，极大地丰富了武术历史研究的资料宝库，为武术文化的传承注入了不朽的精神。

总之，中华武术典籍珍藏·中国武术研究院院藏清抄本校释的出版，既是对武术文献典籍的系统梳理，也是对中华文化主体性在武术领域的深刻阐释，更是对传统武术文化的礼敬。愿本丛书的问世能够激发更多人对武术历史的兴趣与热爱，吸引更多人来保护、研究和传承这份珍贵的文化遗产。

古籍文献的整理不可能一蹴而就，本丛书必定会存在一些不足，希望读者批评指正。

国家体育总局武术研究院

二〇二四年六月

编者的话

历史是过去发生过的事情，已经一去不复返。人们既无法使历史重演，也无法回到逝去的年代，身临其境地去感受和体验当时的场景。因此，人们想了解和研究自己的过去，只能借助前人留下的各种『痕迹』。正是凭借这些『痕迹』，后人才可以追溯祖先的足迹，认识人类社会的各个发展阶段，进而探讨其历史发展的规律。前人留下的历史痕迹形式多样，除了传承下来的生活方式、手工技艺、实物遗存以及思想观念等外，还有大量的文献典籍。以文字符号为特征的文献传播，是一场巨大的社会进步，有力地推动了人类知识的积累与传承。中华典籍源远流长，浩如烟海。它们记录了中华文明的发展历程，也是中华文化的重要载体与组成部分！

武术是由华夏文明长期氤氲滋养而发展起来的传统人体活动方式，折射着漫长岁月里武林先辈的智慧和中华优秀传统文化的基本精神。多少年来，中华武术的价值取向、人文精神和活动样式，引起无数习武者『衣带渐宽终不悔』的折腰苦求，从而积淀了博大精深的文化载量和一以贯之的文化命脉，成为实现中华民族伟大复兴的重要基础。在蜿蜒的历史长河中，先辈们在为后人传承各种拳械技艺的同时，还留下了一批弥足珍贵的武术典籍。林林总总的武术典籍，有的辑录于各类官私文乘，也有的独立成册；有的付梓刊印，也有的传抄存世。但漫长的岁月荡涤与时代更迭，造成了大量武术图籍的流失和散佚。历史上，如汉书·艺文志中记录的剑道三十八篇和手搏六篇，南北朝时的马槊谱，以及明人汪伯言编撰的白打要诀六卷等，均已湮没在历史的尘埃中。宋人周密曾在齐东野语卷十二中有言曰：『世间凡物未有聚而不散者，而书为甚。』由于天灾、战乱以及人为毁坏等多种原因，历史长河里流传至今的武术文献可谓吉光片羽，为数不多，我们可于此窥得前代中华武术的技艺踪影，领略中华武术曾经的文化风采，所以武术文献典籍具有很高的学术价值。

二十世纪七十年代末，当时的国家体育运动委员会（以下简称『国家体委』）下发了一个有关武术挖掘整理工作的文件，并在稍后的一九八二年全国武术工作会议上，明确提出『做好武术挖掘整理工作』，随后成立专门机构，制定了至一九八五年底的武术挖掘整理工作计划。当时全国共有二十八个省、自治区和直辖市先后成立了武术挖掘整理工作小组〔一〕。历经三年，国家体委武术挖掘整理工作组共收到捐献的文献资料四百八十多本，古代兵器近四百件，相关实物三十余件，以及约四百小时的技术录像，充分反映出当时各界人士对于这次国家层面的武术挖掘整理工作的支持。针对其中捐献的文献资料，一九八六年时任国家体委武术研究院院长的徐才先生在全国武术挖掘整理工作总结表彰会上明确表示，要把这批文献资料收藏好、利用好，今后的工作重点是整理、研究，准备制订科研计划，以此提高武术研究水平，他还特别强调，『不能把这些宝贵资料放在柜子里尘封起来，要通过整理、

〔一〕徐才：徐才武术文集，人民体育出版社，一九九五，第二四页。

研究发表出来。』〔一〕

应该说，武术界广大人士在为这三年武术挖掘整理工作取得的成果感到高兴的同时，更为当时国家体委武术研究院领导提出的利用好这批武术文献资料的设想而深受鼓舞。因为，如果说农耕社会中传统武术的发展主要靠一种原发型的实践积累，那么进入近代社会后，其发展方式就要求转变为在理论观照下的主动推进。记得一九八六年四月，时任国家体委主任李梦华先生曾说过这样一段富有见地的话：『我国目前开展着四五十个体育项目的活动，其中包括武术。可以这样统计体育项目的数字，但这并不标志着武术位置是四十分之一或五十分之一。可不可以说它在体育中应占一半的位置。』〔二〕无疑，李梦华先生所谓的『一半』，当是指武术特有的历史文化。武术之所以不同于田径、体操、球类等运动项目而能单独成为一门具有自己的研究范畴和自成畛域的学术领域，也就在于它自身特有的历史人文背景。令人遗憾的是，长期以来的文献资料的匮乏以及相关研究的不足，已成为严重阻遏包括历史、文化在内的整个武术人文社会学科研究纵深发展的一个瓶颈，如不加以克服，显然不利于中华武术在新的历史条件下的发展；如长此以往，拥有『统之有宗，会之有元』的中华武术文化根脉就会逐渐发生动摇，中华武术的精神家园就会因此委顿！

众所周知，从事以历史学为基础的人文社会学科研究，文献史料是关键。对此，梁启超在中国历

〔一〕徐才：徐才武术文集，人民体育出版社，一九九五，第六一至六六页。

〔二〕徐才：徐才武术文集，人民体育出版社，一九九五，第九一页。

史研究法一书中曾有一个形象的比喻，他说，治玄学者与治神学者无须资料，不必以客观公认的事实为依据，而治科学者，无论是自然科学还是社会科学，『罔不恃客观所能得之资料以为其研究对象』，各学科也莫不将史料建设作为理论研究的首要任务。

近代以降，民国时期著名武术史学者唐豪编撰出版了他『殆费十余载』搜寻考订的中国武艺图籍考，该书对一些古代武术文献条分缕析，可谓是我国武术文献整理与研究的开山之作；国家体委于二十世纪五十年代，组织人力整理出版的七册中国体育史参考资料中也有部分关于武术史料方面的内容。但自此以后，武术典籍在相当长的时间里一直没有得到应有的重视，几乎成为一个武术界少有人问津、文史界又无人涉足的学术盲区。直至二十世纪八十年代中期，随着武术理论研究的展开，有关武术文献典籍的整理才引起一些学者的关注。如有人点校了戚继光的纪效新书（一九八八年），有人出版了正宗少林拳经（一九八八年）及增订手臂录（一九八九年），还有人整理、注释了太极拳谱（一九九一年）等。十多年中，武术文献典籍的出版数量有所增加，如山西科技出版社与北京科技出版社陆续出版了多种类型的武学丛书，如『老拳谱辑集丛书』『古拳谱丛书』『国术丛书』等，人民体育出版社出版了中国古典武学秘籍录（二〇〇六年）和易筋经四珍本校释（二〇一一年）等。尤其是二〇〇八年至二〇二四年间，由中国书店影印出版的民国国术期刊文献集成和百册之巨的中国武术大典，由台湾逸文武术文化有限公司影印出版的清代易筋经珍本汇辑和齐鲁书社出版的中国古代武艺珍本丛编（上、下辑）及明清武术典籍珍本辑释，二〇二四年初由北京体育大学出版社出版的民国武术文献选刊等，最为引人注目。应该说，这些武术文献的刊印对于武术文献的整理乃至相关研究所起到的作用，是不言而喻的，它们为武术学科的发展注入了新的活力。尽管以上诸书大多为文献汇集，系统整理者少，深入研究者更少，有些文本的校释还存在这样那样的不足，但任何学术领域的形成、成熟总有一个过程。值得肯定的是，武术文献的整理、研究在摆脱了长年的沉寂后终于有了启动。

对于现藏于国家体育总局武术研究院的四百多份本文，在二十世纪八九十年代，因研究之需，本人曾有机会阅览过两次。这批文本品相不一，按其形式分为刊印本与抄本两种，其年代横跨古代（清代）、近代（民国时期）和现代（一九五〇年后）三个时期。而其内容更为驳杂，其中大部分为记述各类拳械技法技理的拳谱图籍，也有早些时候各地出版的武术刊物，另有一些医治跌打损伤类的药方集，还有旨在强身的导引功法类汇辑，其中甚至夹杂数本诸如西洋拳术及空手道之秘诀等非武术类图籍。

文献典籍是中华文化的重要载体，它记录了中华民族的辉煌历程，并延续着中华民族的精神和文化血脉。然而，前代文献的种种价值，只有通过整理、阐释与研究才能得以体现，这是对『存储于原载体材料上的内容进行一次再转移与再迁徙』〔二〕，本身也是一个文本经典化的过程。对于国家体育总局武术研究院现藏的这批文献，也当作如是观。为此，本人曾以口头及书面形式，多次向国家体育总局武术研究院主管领导建议：尽快遴选有关专家来整理、注释这批文献，使其发挥应有的价值作用。经国家体育总局武术研究院领导认真研究，同意了本人的建议，决定点校四百多份文本中的抄本部分，

〔二〕耿相新：中原文献整理史稿·序二，载王钢中原文献整理史稿，中州古籍出版社，『序二』第三页。

并召集了包括本人在内的来自有关高校的一共六位专家，汇聚武术研究院，经过查阅、讨论，剔除十八份破损严重、字迹不清或无甚价值者，最后确定将甄选出的一百一十三份抄本纳入点校范围，同时委托北京体育大学出版社出版。两年后，除少数文本外，点校工作初步告一段落，国家体育总局武术研究院为此在河南登封嵩山少林寺武僧团培训基地召开了点校工作会议。

时光荏苒，数年后国家体育总局武术研究院有关负责人与我联系，希望能在之前选出的一百一十三份抄本的基础上精选出更具价值的文本，争取尽早完成点校工作，交付出版。接到任务后，我斟酌再三，确定重点点校一百一十三份抄本中的三十四份三十一种清抄本〔一〕，并题名曰『中国武术研究院院藏清抄本校释』。点校文本与点校方案经国家体育总局武术研究院领导同意后，即与郑州大学体育学院有关方面洽谈。之所以选择郑州大学体育学院来承担此项工作，是因为我五年来带领的该校课题组，刚顺利地完成了国家社科基金项目『明清少林武术古籍珍本的整理与研究』。〔二〕由这样一个较为成熟的学术团队来承担这项点校工作，质量上应该是有保证的。

在郑州大学体育学院领导的大力支持和全体团队成员的不懈努力下，中国武术研究院院藏清抄本

〔一〕三十四份清抄本，绝大多数留有年代信息，有的则由当时捐献地的相关部门出具证明，也有些无时间记录，而是依据抄本中图文风格判定，如少林拳棒枪刀谱、文武修等。

〔二〕这批明清少林武术古籍珍本，被齐鲁书社以『明清武术典籍珍本辑释』之名申报并成功入选二〇二二年度国家出版基金项目。该书于同年九月正式出版，并在二〇二三年五月荣获全国古籍出版社百佳图书（二〇二二年度）二等奖（该奖前身为『全国优秀古籍图书奖』），这也是武术学界在古籍整理出版方面的首次获奖。

校释历经十个多月时间，终于如期完成了。在讲好中国故事、弘扬民族文化、实现中华民族伟大复兴的今天，中国武术研究院院藏清抄本校释的付梓出版，当然有其多方面的社会意义。

首先，有清一代是武术发展史上的重要时期，也是古代各种武术著述蜂出并作的年代。通过对这批武术抄本的整理、注释，可以从一个方面梳理清代武术历史文化的基本概况，从而为今天的武术理论研究提供『考镜源流』的史料支撑。

其次，对于这批清代武术抄本的整理、注释，可以使中华武术的非物质文化遗产保护究竟应该『保护什么』更为清晰。同时，按照我国法律规定，武术文献本身也是中华武术非物质文化遗产保护的重要组成部分。因为『将古籍的保护纳入到非物质文化遗产的保护中非常重要，这将会形成一个完整的非物质文化遗产保护观』〔一〕，有利于非物质文化遗产项目的整体保护。

再次，这批清代武术抄本均为首次面世的珍本、孤本，具有很高的文献价值。这一方面极大地丰富了武术文献体系，对武术文献学的建立具有重要学术意义；另一方面，对相近的历史学、文化学、民俗学等研究，也有其自身的学术价值。

最后，按文献学要求对这批清代武术抄本进行整理、注释，其规模之大、内容之繁，在当代武术学术史上尚属首例。这既是对古代武术文献校释范式及学术路径的有益探索，同时也为推动武术文献学发展和繁荣我国武术理论研究起到积极作用。

〔一〕方李莉：应将古籍纳入『非遗』保护，中华读书报二〇一一年八月三十一日。

值得说明的是，在对这批清代武术抄本的校释过程中，发现有四个需要注意的地方，这恐怕也是不少清代武术抄本的共性问题：一是与传统的经、史、子、集图籍相比，这批武术抄本绝大部分无论是其版式还是绘图、书写，都显得较为粗陋，加上某些字体书写不规范，有些又过于潦草，故辨认较难；二是由于武术技艺是种动态文化，故抄本中记录的有些拳理技法今天可能已发生较大变化，有的甚至已失传，另外，文中夹杂的一些方言俚语及隐喻等，也较难理解；三是有些抄本中开列的药方，因条件所限，目前尚难甄别；四是由于在长年的流传中，一些抄本页码错乱的现象较为严重，需要参照其他相关文献加以校勘厘定。

『钩沉稽古，发微抉隐』的武术文献整理、研究是一项需要『坐冷板凳』的工作，这在武术界尚属起步阶段。所以，尽管课题组成员对此三十四份三十一种清代武术抄本本着打造『学术精品』的责任心反复核查、审阅，但必然存在一些舛误错谬之处及不尽如人意的地方，祈盼读者不吝教正，以共同推动我国武术文献学科及武术理论研究的不断成熟和进步！

周伟良

二〇二四年六月记于杭州寓所

校释凡例

一、本书整理、注释的中国武术研究院院藏清代武术抄本，均为首次面世的珍本、孤本，方法上难以用对校法进行互校，故而有的采用内容相同或相近的文本进行他校，也有的依据文中前后语义抉摘其异同；而对文中所著录的相关典籍资料，则采用原书进行核校。

二、所校释的每种文献都有一篇提要，简述有关该文本的版本特点、编撰（抄录）者基本情况及内容梗概等。

三、校释中所引用的符号：

（一）凡［ ］中的内容，为校勘出的脱文。

（二）凡（ ）中的内容，为对校勘出误文的修改。

（三）凡〈 〉中的内容，为校勘出的衍文。

（四）凡【 】中的内容，为原文本中的小字或注释。

（五）原文中所缺佚的文字，一律用□标出。

（六）如校释中文义相通而文字有异者，依原文本；如两文本文义相异，则在注释里予以说明。

（七）文本中的俗字、异体字，一律按今通用字，视情况酌情注明。

（八）对于文中难以辨识的字，则按原字剪贴注明。

四、对于一些抄本中的页码错乱现象，则按其前后内容及参考有关文献图籍予以厘定纠正。

五、本书在校释过程中所引用的今人研究成果，均注明其出处，以备查考；对于一般性古籍文献，为节省篇幅，仅注明年代、作者及文献名。

目录

万别轻传·战谱底部

提要

万别轻传·战谱底部，一册，清光绪二十六年（一九〇〇）抄本，共二十二页，每页十至十二行不等，行书，抄录者应为杜春棠，捐献者不详，现藏于中国武术研究院，院藏编号为G852.29-9。

此谱封面有『津邑憩园杜春棠手订』字样及题曰『杜国芝像』的上半身相片。正文首页为一段论述性文字，强调武术具有益人神智及『虚可坚壮，弱可令固，郁可使宽，愁可转胜悦』的功效，并总结了十防、六法习练的注意事项。

此谱正文内容主要涉及剑谱、拳谱、枪谱、棍谱以及刀谱等。其具体包括拨云剑谱、初学八计拳谱、初学八路大招谱、初学八打拳谱、谭腿十二路谱、十二路谭腿式谱、关东拳谱、关西拳谱、四平拳谱、少林拳谱、二十四势拳谱、二郎拳谱、太祖拳谱、杜氏钩枪拐谱、五虎断门枪谱、五行鸳鸯棍谱、马棒提铃枪谱、姜维枪里加棒谱、十二路进枪法、子龙中平论、张飞大枪谱、子龙大枪谱、子龙中平点花枪、双刀梨花谱、云梦单刀谱、春秋刀谱、齐眉木人阴手棍谱、庄家柳棍谱和孙吾（悟）空行者棒等二十九则内容，其中拳谱（含谭腿）十二则、枪棍棒谱十三则、刀谱三则、剑谱一则。

此谱内容丰富，以韵文诀语形式，记录了诸多拳械技艺，是今人研究传统武术文化的宝贵文献资料。

万别轻传·战谱底部影印

送一本　帅四本

津邑

慧園杜春榮手訂

光緒貳拾陸年荷月朔日　立

杜國芝像

萬别輕傳

戟譜底部

蓋操武術者莫欲修身修德益人神智沉痾不起也
虛可堅壯 弱可令固 鬱可使寬 愁可轉勝悅也
大助身軀 諸般理法 全宗古人 當有秘奧
天機不欲 輕操之士 施德於世 萬別留艺
傳於後世 萬古不朽 後載揚名 方稱術士也

諸

練之士防投名師專交藝友先練操身後練六法
總以防春又得防點一防磨酬二防各行生意三防進場
四防出門五防教茶六防談話七防識物八防出身九防
路上十防君子隱遁術士六法手眼心腿腰身
眼要賊 腿要遁 心要穩 手要準 打要狠 腰身要根本

攬雲劍譜

電掣崑崙晃太陽　一昇一降把身藏　搖頭進步風雷響

滚手提環上下防　左進青龍双探爪　右行丹鳳獨朝陽

撒花蓋頂遮前後　馬足之中反被傷　鳳凰展翅乾坤小

掠膝連肩劈兩傍　蝴蝶双飛射太陽　梨花舞袖把身藏

前進滿堂飛白雪　回身野馬去思鄉　盤古擎劍玄中妙

道雲劍訣知敵擋　有人來學攬雲劍　脂法劍法要週全

若學劍人第一要四平八穩二要十二勢行法分清

劍有六法之尊一要提法二要眼法三要盤手法

四要刺法五要洗法六要搭法

和學八計拳譜

一打銅響　二打的音　三打膀肩　四打攻心　五打震雷走勢

六打白鵝奪肘　七打棒搥引進　八打攮°捧打懶人

和學八路大根譜

一路十字肘　二路照眼炮　三路閃步搥　四路一合虎

五路往上封　六路朝下搥　七路老君關门　八路太師上殿

和學八打拳譜

燕青八打最為高　孟良放火往上燒　川心拳　撩當腳

左右貫耳最難逃　老娘抓爪下搭手　騎馬勒勢往後蹦

左手攻心一銅掌　右手攻心一銅錘　斜身虎攔定山路

一川一架要當遮　有人來學八打勢　萬馬營中是英豪

譚腿十二路譜

原式　譚家拳式後人學　誰知拳內暗藏腳　初勢橫胳斜托掌
剁架双錘斜捧腰

頭路　打虎架式繞月照　寸腿一生要爲高　倒回原處把腳穩
擒虎提地下蹬腳

貳路　恍身忽式對面膝　三趟蹄走算爲高　至回原處仍剁膝
把身平穩稱英豪

叁路　小小撩步擦手摸　擢掌彈膝手拘照　回到原處斜身照
操掌繞式是挑腳

肆路　擒綴法轉身爲妙　刮腿隨掌定目瞟　往回原走腕花高
一步一轉切用靠

伍路 斜式觔行羅漢拐 拼出双腿提跟着 定还原式偷步走

双拳連腿踩子脚

陸路 三尖對式過關小 前後掃箒旋風倒 变回原處眼觀看

倒後掃蹅且根苗

柒路 双名石查勇猛拐 後轉提步横下脚 翻步用式返拔照

戳脚冷拳最难逃

捌路 跳步一踩三拳一脚 英雄力踩返踢撩 退步还看上面高

掉步往来騙馬脚

玖路 形身行步两边膘 左右擇身变化好 退步行前偷步走

底腿一去蹬两脚

拾路 連還譚腿分三脚 鶴足单等立敵蹻 後原式予闪步瞧

直墜双腿式不小

拾壹路　撩陰巧精拱揖拷　蹴踘戲毬神鬼跑　还式若行兩頭造
眼觀六路怎難逃

拾貳路　繞身恍式暗藏腳　好漢見勢當識招
歸还原處錦夜腳　傍边一跳躲身陰腰

譚門留下真藝業　傳與後世好者來學

十二路譚腿式譜

頭路穿心腿。二路撩陰腿。三路外上腿。四路硬崩腿。五路白鶴亮翅腿。六路金磚躁子腿

七路十字採蓮腿。八路十八連腿。九路裏上腿。十路連環腿。

十一路双砌腿見腿。十二路双錘腿。踱子腳。撥蓮腿。鶴足一蹄。但蒔腿

関東拳譜

太祖一怒到関東 関西五路賭輸贏 迎门捶下刀双鞘
倒退一步怎留情 上边用的高探馬 下边用的坡四平
提腿势 巧地龍 拗步能打諸英雄 邪行能攪擱路虎
蹤後飛箭斬黄龍 拳頭打破花世界 脚尖踢遍满乾坤
打蹤関東江山定 但憑拳脚渴太平

関西拳譜

神拳立势稱英雄 青龍取水上天宫 舉鼎起山争名利
鳳凰展翅宿林中 摘身抱月肩腱上 破步撩衣怎留情
构掛攢拳難遮攬 太陽一擧照乾坤 童子合拜观音拜
三聖猿猴抱蘇秦 豪傑争名盘心肘 壮士打虎在西秦
惡黑魔王從天聖 荒郊野外卧麒麟 上打房檐点点水
下踢猛獸各各擒 迎门放定鉄扇子 太祖神拳出少林

四平拳譜

開拳四路短打　斜掌拗步橫捶　單鞭拳無人遍攪
旋風腳快如風　眉頭一指雁斐飛　進步撩陰下打腿
五行臂藏裏肘　蹬踢腿寧定華袞　左摘星　右捧月
斜行膝虎人難行　卧虎勢　誰身行　擺身恍勢不留情
花裡撲蝶撲的快　四頭一指　就是定南針

少林拳譜

阿羅大帝顯神通　火德真君下天宮　二郎拳多能變化
關公拳十字分心　丈夫拳習文演武　青龍拳設下四平
桶臂拳猿猴獻寶　拐手拳從定山门　三盘拳關门看守
四平拳各顯輸贏　打腿拳青龍探爪　卧虎拳單打來人
黑虎拳指上打下　醉仙拳驚動鬼神　神行拳週家邪穿
少林拳蓋世絕論　有人來系少林勢　萬别傳与無義人

二十四势拳谱

二十四势祖師留所留　到摘金冠起根由　黄龍轉身多变化
喝化不住往前行　邪行虎誰人不怕　無封鎖单打来人
硬撑拳往裡就進　油崩捶細看分明　撑手式天下無比
挽蹬拗跟步打人　漢油捶提銓不住　跪龍伏身起無情
南唐拳双捶過目　暗下取火鬼神驚　掘肘势抵人就打
二郎拳亦是風云　攔鍾式暗藏猛勇　腦怨老君大劈门
風擺柳截式舞打　醉八仙变化無窮　大猴拳威势驍勇
金鷄獨立等来人　小猴拳左右跳舞　十二棉劈往裡攻
左右踢腿不非輕　樓云蹬起踢前胸　祖師留下拳脚势
走遍天下交實朋

二郎拳譜

神拳立势是英豪　揽雲望月变化高　单换影　顺腾虎

斜身跳步（步）　败下势封闭嚴緊　右换影　鐵硬採　順步斜行

退梳鬓　胆戰心驚　下刺势迎门搗碓　長身法变化無窮

单鞭拳抽採換柱　連蹬掛面急如箭　左右踢腿急留情　回身势

金採架柱　壮子打虎在西秦　摘星抱月眉梢上　破步撩衣鬼神驚

豪傑争看觀走獸　油崩鍾細看分明　白鵝亮翅人人怕　懷抱金絲蹬步行

反掌拳金採架柱　採蓮暗藏敵人驚　旋風脚　快如風　蓋步三鍾如閃電

打虎势羅漢金剛　哪吒倒托火焰鎗　敗下势獨立金鸡　五岳三傑攔门路

斜势能當八風嚴　金剛独靠蓮台座　関公舉刀斬蔡陽　三堵　八打回身势

五龍爪　遂身行　三盘肘　臂提鈴　怒腦老君鬼神驚　南唐拳双鍾过目

拜仙勢虎守洞门　躧蹋腿　五封鎖　龍分二虎　单鞭拳暗藏猛勇　轉身無化
如闪電　湘子腾藍倒騎龍　窝裡拳氣人還揣　掃地搜山似雷聲　二郎闪门降七聖
斜星提斗把脚踏　五花掌攪雲見日　蹁蹈脚力快寒通　勒馬听風往後看
騎虎独座山頭把頭摇　犀牛望月追風走　二郎神拳定七星

太祖拳講

太祖神拳中四平　邪行躧步稱英雄　朝陽拳從打太歲　蹁蹋腿力快轉通
邪行虎座攥揆下　双梳鬢胆戰心驚　窝裡蹇炮人人害怕　鉄掃箒就地旋風
旋風脚逢身就起　暗下取火鬼神驚　搀手拳多能變化　漢伯鍾卧馬提鈴
盘肘勢抓人就打　换步能打諸英雄　鉄扇子三聖献菓　荒郊野外卧麒麟
後有仙人来指路　刀對鞘各顯神通　有人學全太祖勢　走变天下稱英雄

杜氏鉤槍拐譜

降魔護法站中间　天下馳名第一先　金刚一見心胆戰　羅漢闻名遠胆寒
左拐能擋雷雲電　右鉤能避八風嚴　闪步拐抽身撃步　後蓋拐前推後鉤
過步拐斜行繞步　川心拐直刺前胸　上鉤拐双鐮鎖柱　双鉤拐不教逃脱
下鉤拐踢步前進　双掃拐力勇难當　中鉤拐軟轆相似　反背拐遮後當前
上间拐裏一外二　下掃拐鉤斷膝筋　下间拐翻上顧下　上迎拐鉤柱脚根
中间拐左右相使　攔身拐难架难封　前棒拐遮身進步　蓋步拐車輪相同
後棒拐前冲後撞　翻身拐决不留情　鉤鐮拐杜氏家傳　後子孫别傳外姓

五虎斷門槍譜

伍員濺槍展氣昂　騰馬提槍戰血場　三槍平倒洛陽王　滄龍擺尾鬼神忙
行者擎棒反身封　太山壓頂一柱香　鐵掃帚最难擋　白猿抱刀入仙鄉
騎龍擒柱班闌虎　夜叉探海翻烏江　定南針點中得便　青龍獻爪行雨步

鋪地錦刘海戲蟾 鉄幡杆黄龍点杆 一截二進蛇弄舞 醉金刚勝虎登山
鶴童子怀中抱劍 月殿嫦娥倒提藍 五虎槍在此间 無義徒不可傳
斷门槍 两邊佛 出罩霧 最难当 哪吒倒揹火焰鎗 鉄牛耕地滴封手
左右推山萬載揚 烏龍翻江蛇弄舞 搖旗掃地拜天王 黄鷹撲兔单扇爪
撥草尋蛇避刀槍 巧女忍針变化廣 神者神棒袖内藏 反身闖進八卦陣
伍員舉鼎押群王 白牛转角人人怕 伏虎戰杆定中央 貴元槍最為高
無義徒 不可交 有人學會戰杆势 里门人中稱英豪

五行鴛鴦棍譜

手執鴛鴦棍两根 祖師傳流世間人 立志刚强人见戀 单打惟應作又人
左有青龍倒取 右有白虎碰人心 背提鈴叔秦腊銅 三盘肘鷂子翻身
孫賓（柳）乘牛出動困 菩薩座中来講合 左撩右撩前後打 八洞神仙探水波
倒提指前打後 懷抱乾坤降妖魔 陰陽棍上下分 双龍擺尾善来人

馬棒提鈴槍譜

二郎擔山最為先　後有尉遲倒托鞭　力劈华山人难比　白馬脫韁打一鞭
二郎拾擔方要走　不讓二郎大換肩　騰挪斜鎗最為能　前走幾步托四平
轉身變化如閃電　掃地撥山似雷聲　黃龍拱地敗陣走　孔雀反身取人心
黑虎轉近不非輕　撥雲縱起打前胸　左提槍　諸侯怕　右提槍　鬼神驚
分頭一指徹身走　斜岔一步命殘生　白蛇搭地無人知　撥草尋蛇緊護膝
上去本是龍擺尾　白蛇回頭壯前胸　白蛇敗走不許趕　白蛇入洞取其陰
呂布換戟到陣前　退步托戟透胆寒　滚身進步開山打　開山落地打强山
强山不過禅门打　禅门不過抱月还　羅成提槍是英雄　連遮大盖破五雄
上是耳風換式打　下扎軟肋倒取龍　龍歸滄海無蛇洞　提炉一槍定太平

姜維鎗裡加棒譜

瘋魔神槍最為先　関公金刀在眼前　韓信按戟生巧計　太公執定釣魚杆

前有風雲蓋頂下　孫賓提龍假瘋顛　後有攔门朱雀式　諸葛弟芦銷中原

左有梨花來舞袖　右有神棒暗劈肩　上似滴水难招架　下似伏虎把地翻

有人學會鎗加棒　天下馳名第一先

十二路進槍法

頭路閒门見势槍　二路白蛇吐信槍　三路硬劈軟拿槍

四路金鷄点頭槍　五路滾手轉丞槍　六路四封四避穩槍

七路啞叭喉暗槍　八路靠身鑽然槍　九路野豬哄地崩槍

十路三尖分上下　十一路夜叉探海　十二路敗勢回馬槍麗槍

子龍中平論

上遊場秦王磨旗上
高抵遠近都無（不防）方
圈裏劍圈圈外看
當中一点難着架
劍刺纏遶鎖扣劍

下遊場秦磨旗下　中平鎗　鎗中王
來如箭　去如線　指人頭　劍人面
圈外劍圈圈裏看　高不攔　抵不拿
你鎗發　我鎗扯　你鎗不動我鎗劍
劍子較合手　非者無爭獨立口

張飛大鎗譜

張飛大鎗最為先
下三鎗黑龍懸江
左虎鎗端然守定
消鎗式世人難防
張飛大鎗十三路

殺有尉遲倒托鞭　上三鎗攫雲見日
劈面三鎗挑下勢　倒提柳六郎神鎗
化山不識把人傷　小神鎗當場使下
柳串鎗左右不進　鎗法威烈無雙
獨攪曹兵立守當陽

子龍大鎗譜

子龍托鎗站中央　伍員托鎗赴湘江　平地行龍敗轉走
張飛倒托火焰鎗　火龍　推車　雨步金鷄翻身赶
霸王倒托一把鞭　頭頂神杆軋五山　老生点化单肩抗
十面埋伏擒霸王　後有姚期保漢皇　左提鎗　諸侯怕
右提鎗　鬼神驚　斜岔一步命惨生　住練金龍点取掛前观後拄

子龍中平點花鎗

中平鎗蓋世無双　韓信摸戟若霸王　批面鎗暗不隄防
左胯劍五虎群羊　黑旋風撥雲見日　野馬翻蹄摟上方
急三鎗仙人指路　猛張飛獨坐當陽　定樓鎗呂布托戟
玉花棒二郎神鎗　驚纏身奪窩入定　塞海鎗保國安邦
有人學會中平式　萬馬營中敢應當

雙刀梨花譜

雙刀立勢誰敢欺　安邦定國保華夷　前砍強人破路
後砍惡人遠方離　左砍青龍双擺尾　右砍猛虎展翻身
上砍天棠而不添　下砍蛟龍入海池　分鬃一刀三轉身
定勢一刀刺四门　刺三刀威烈難比　滾三刀黄龍卧身
破三刀手尾不偺　分三刀不偏兩肋　扎三刀智謀难取
中三刀敵將歸陰　有人来李双刀势　萬馬营中敢對敵

雲梦單刀譜

單刀立势斬肖槊　兵法武藝賭輸贏　上盘刀樓頭就砍
下盘刀砍腿销脚　翻身刀隨身前進　穿心刀人人娶毛
有人来進單刀势　破死亡魂使飛脚　雲梦留下單刀藝
無義之徒不可較

春秋刀譜

関公提刀混上蒼　左右分刀暗陰陽　斜身跨定雲華月
左邊肋下世無雙　一献刀　二献鐮　刀劈英雄一大邦
出世掃平黄巾攪　全憑華月按上方　大戰黄忠托刀勢
拋刀計策斬蔡陽　藏刀立誅華雄將　赤兔棲身美名揚
背刊三刀誅文醜　擶刀鐮勢死彦良　金鋼獻綦神鬼怕
鬼谷出洞最難防　勒馬刀　撩刀刀　五関斬將是英豪
白猿轉竟敗刀勢　刊挑捆拔把名揚　百萬雄兵誰赶攪
関公留刀在許昌　有人来學春秋勢　穩重如山萬剮慌擅

齊眉木人喉手棍譜

先人立棍稱高强　白蛇吐信把人傷　撥草巡蛇朝下打
懷中抱月左右藏　架海金樑多变化　孤樹無根用刀鎗
仙人幌影前後護　浪裏三跳閃電光　烏龍擺尾將水戲
白虎入洞尾後揚　左手掛（左）左腿揚　右手一掛見閻王
鳳凰展翅上下舞　金鷄獨立人怎擋　上棍能打山崩列
下棍窩挑虎豹傷　左右連環遮日月　仙人指路拜君皇
祖師留下真喉手　戳棍一站英名揚

莊家椰棍譜

单練对打均可行

戳棍立勢最為先　出门遮攔半边天（上打下戳反手架樑）　左遮撤下一条蟒（双丈掃腿）
翻水攪海一条鞭（正架樑蹬棍）　腦後捎棍人難忍（敗勢根步戳脚）　倒托戟子往前蹽（跳左右倒插棍）

对跳对膈头　对掃腿　盘步棍还架樑

猿猴上樹人惊怕　上打足根嚇人間　太公釣魚人不吃

胡天陰棍驚人魂（偏架对戳腿）　浪裡擺杀人難進（斜抱棍上驚下取）　老僧禅杖閃洞门（指上打下戳襠）

上步敵棍下点化（掤腿棍打下进）　歸门抱棍等来人（架棵单撇手一根肤歸本门）　如若对打改换势细看小批學留神

孫悟空行者棒

文武大將下西川　那個陷學敢把邊　夜叉出世降天下

齊天大聖鬧宮天　上穴指打天靈蓋　下穴指打腳後根

金棒一舉定天心　八背那吒鎮天门　二郎楊戩胯三刀

荒郊野外卧麒麟　烏龍翻水不見棒　卧虎伏身起無情

倒提柳　驚鬼神　抱琵琶　等敵人　金棒一立定乾坤

万别轻传·战谱底部校释

万别轻传·战谱底部

光绪二十六年荷月〔一〕朔日〔二〕

津邑〔三〕，憩园〔四〕杜春棠〔五〕手订

盖操武术者，莫欲修身修德，益人神智，沉疴〔六〕不起也。虚可坚壮，弱可令固，郁可使宽，愁可转胜悦也。大助身躯，诸搬（般）〔七〕理法，全宗古人，当有秘奥。天机不欲，专操之士，施德与世，万别留己。传与后世，万古不朽，后载扬名，方称术士也。

〔一〕荷月，指农历六月。
〔二〕朔日，我国农历将朔日定为每月的第一天，即初一。
〔三〕津邑，地名，具体指代不详。
〔四〕憩园，当为杜春棠的书房或居室的雅称。
〔五〕杜春棠，未查到此人相关资料。
〔六〕沉疴，重病；久治不愈的病。晋书·乐广传：『客豁然意解，沈疴顿愈。』（陈至立主编辞海，https://www.cihai.com.cn/index，此谱字词释义均参考此书，后文不再注明。）
〔七〕搬，据文义，应为『般』字之误。

诸练之士，防（访）〔一〕投名师，专交艺友。先练操身，后练六法。总以防春〔二〕，又得防点。一防应酬，二防各行生意，三防进场，四防出门，五防敬茶，六防谈话，七防识物，八防出身，九防路上，十防君子隐遁术士。六法，手、眼、心、腿、腰、身。眼要贼，腿要随，心要稳，手要准，打要狠，腰身要根本。

拨云剑谱〔三〕

电掣昆仑晃太阳，一升一降把身藏。摇头进步风雷响，滚手连环上下防。

左进青龙双探爪，右行丹凤独朝阳。撒花盖顶遮前后，马足〔四〕之中反被伤。

凤凰展翅乾坤小，掠膝连肩劈两傍。蛈（蝴）〔五〕蝶双飞射太阳，梨花舞袖把身藏。

前进满堂（空）〔六〕飞白雪，回身野马去思乡。盘古擎剑玄中妙，道灵剑诀无敌挡。

〔一〕防，据文义，应为『访』字之误。

〔二〕『总以防春』与下一句『又得防点』相连，即『春点』。春点，清末民初江湖社会隐语行话，又名『切口』。（曲彦斌编著汉语历代隐语汇释，研究出版社，二〇二〇，第七七页。）

〔三〕『拨云剑谱』自第一句『电掣昆仑晃太阳』至『回身野马去思乡』，源出明代唐顺之的武编卷五。（中国兵书集成编委会编中国兵书集成（第13—14册），解放军出版社，一九八九，第七九九至八〇一页。）

〔四〕足，武编卷五作『步』字，原文为『马步之中用此方』。（同上书，第八〇〇页。）

〔五〕蛈，据文义，应为『蝴』字之误。

〔六〕堂，武编卷五作『空』字，当是。（同上书），第八〇一页。）

有人来学拨云剑，脂（指）〔一〕法剑法要周全。

若学剑人，第一要四平八稳，二要十二势行法分清。剑有六法之尊：一要提法，二要眼法，三要击法，四要刺法，五要洗法，六要搭法。

初学八计拳谱

一打铜响，二打的音，三打膀肩，四打攻心，五打震雷走势，六打白鸡夺肘，七打棒捶引进，八打掠掸〔二〕打懒人。

初学八路大招谱

一路十字肘，二路照眼炮，三路闪步捶，四路一合虎，五路往上封，六路朝下碰，七路老君关门，八路太师上殿。

〔一〕脂，据文义，当作『指』字。
〔二〕掸，拂除。

初学八打拳谱

燕青八打最为高，孟良放火往上烧。川（穿）〔一〕心拳，撩当（裆）〔二〕脚，左右贯耳最难逃。

老娘抓爪下搭手，跨马勒势往后瞧。左手攻心一铜掌，右手攻心一铜锤。

斜身虎拦定山路，一川（穿）一架要管应。有人来学八打势，万马营中是英毫（豪）〔三〕。

谭腿十二路谱

原式：谭家拳式后人学，谁知拳内还藏脚；初势横胳斜托掌，刹架双锤斜拧腰。

头路：打虎架式绕身瞧，寸腿一出实为高；倒回原处把脚稳，擒虎捶地下蹬脚。

二路：恍身忽式对面膝，三捶[illegible]（砍）〔四〕走算为高；至回原处仍刹腰，把身平稳称英毫（豪）。

三路：小小掂（踮）〔五〕步擦手摸，擢掌弹膝手拘照；回到原处斜身瞧，操掌绕式是挑脚。

四路：掏丝法转身为妙，砌（砍）〔六〕腿随掌定目瞟〔七〕；往回原走腕花高，一步一转切用靠。

〔一〕川，据文义，当作『穿』字。

〔二〕当，据文义，应为『裆』字之误。

〔三〕毫，据文义，应为『豪』字之误。后同。

〔四〕[illegible]，此字难以识别，据文义，疑为『砍』字之误。

〔五〕掂，据文义，似为『踮』字之误。踮，走路用脚尖点地。

〔六〕砌，据文义，似为『砍』字之误。后同。

〔七〕瞟，斜看。

五路：斜式能行罗汉招，拼出双腿捶跟着；定还原式偷步走，双发连腿跺子脚。

六路：三尖对式过团小，前后扫帚旋风僧；变回原处眼观看，倒后扫蹚（堂）〔一〕且根苗。

七路：双名石奎勇猛招，后转提步横下脚；翻步回式返坡照，戳脚冷发最难逃。

八路：跳步一跺，三拳一脚，英雄力跺返踢撩；退步还看上面高，掉步往来骗马脚。

九路：形身行步两边瞟，左右择身变化好；退步行前偷步走，底腿一去蹬两脚。

十路：连还（环）〔二〕谭腿分三脚，鹤足单等立敌跷；后原式子闪步瞧，直踤双腿式不小。

十一路：撩阴巧精拱揖拷，蹴鞠〔三〕戏球神鬼跑；还式若行两头造，眼观六路怎难逃。

十二路：绕身恍式暗藏脚，好汉见势当识招；扫还原处锦衣脚，傍边一路，躬身哈腰。

谭门留下真艺业，传与后世好者来学。

十二路谭腿式谱

头路穿心腿，二路撩阴腿，三路外上腿，四路硬崩腿，五路白鹅亮翅腿，六路金鸡跺子腿，七路十字采莲腿，八路十八连腿，九路里上腿，十路连还（环）腿，十一路双砀（砍）腿见腿，十二路双锤腿，

〔一〕蹚，据文义，或为『堂』字之误。

〔二〕还，据文义，应为『环』字之误。后同。

〔三〕蹴鞠，我国古代足球运动，用以练武、娱乐、健身。《汉书·枚乘传》：『蹴鞠刻镂。』

蹶子脚，拨莲腿，鹤足一跷但等腿。

关东拳谱

太祖〔一〕一怒到关东，关西五路赌输赢。迎门插下刀双鞘，倒退一步怎留情。上边用的高探马，下边用的坻（低）〔二〕四平。提腿势，巧地龙〔三〕，拗步能打诸英雄。邪（斜）〔四〕行能挡拦路虎，脑后飞箭斩黄龙。拳头打破花世界，脚尖踢遍满乾坤。打罢关东江山定，但凭拳脚得太平。

关西拳谱

神拳立势称英雄，青龙取水上天宫。举鼎爬山争名利，凤凰展翅宿林中。摘身抱月眉睫上，破步撩衣怎留情。勾挂攒拳难遮挡，太阳一举照乾坤。童子仝（同）〔五〕拜观音拜，三圣猿猴抱苏秦。豪杰争名盘心肘，壮士打虎在西秦。

〔一〕太祖，应系『太祖拳』所指宋太祖赵匡胤。

〔二〕坻，据文义，应为『低』字之误。后同。

〔三〕巧地龙，在拳谱中也常写为『雀地龙』，中原官话中『巧儿』指麻雀，『家雀儿』的『雀』与『巧』同音。（许宝华、宫田一郎主编汉语方言大词典（全五卷），中华书局，一九九九，第一〇一〇页。）

〔四〕邪，据文义，当作『斜』字。后同。

〔五〕仝，据文义，当作『同』字。

恶里魔王从天圣，荒郊野外卧麒麟。上打房檐点点水，下踢猛兽各各擒。迎门放定铁扇子，太祖神拳出少林。

四平拳谱

开拳四路短打，斜掌拗步横捶。单鞭拳无人遮挡，旋风脚快如风。眉头一指雁双飞，进步撩阴下打腿。五行暗藏里肘，蹚踢腿宁定华夷。左摘星，右捧月，斜行胯（跨）[一]虎人难行。卧虎势，谁身行，摇身恍势不留情。花里扑蝶扑的快，回头一指，就是定南针。

少林拳谱

阿罗大帝[二]显神通，火德真君[三]下天宫。二郎拳多能变化，关公拳十字分心。丈夫拳习文演武，青龙拳设下四平。桶（通）[四]臂拳猿猴献宝，势手拳从定山门。三盘拳关门看守，四平拳各赌输赢。打脑拳青龙探爪，卧虎拳单打来人。

〔一〕胯，据文义，当作『跨』字。后同。
〔二〕阿罗大帝，即少林寺伽蓝紧那罗。
〔三〕火德真君，也称火神，传说掌管着民间的火。
〔四〕桶，据文义，应为『通』字之误。后同。

黑虎拳指上打下，醉仙拳惊动鬼神。神行拳周家邪（斜）穿，少林拳盖世绝论（伦）〔一〕。有人来学少林势，万别传与无义人。

二十四势拳谱

二十四势祖师所留，到（倒）〔二〕摘金冠起根由。黄龙转身多变化，唱化不住往前行。邪（斜）行虎，谁人不怕；无封锁，单打来人。硬撑拳往里就进，油崩捶细看分明。拧手式天下无比，挽蹬势跟步打人。汉油捶提铃不住，跪龙伏身起无情。南唐拳双捶过目，暗下取火鬼神惊。盘肘势抓人就打，二郎拳亦是风云。摩锤式暗藏猛勇，脑（恼）〔三〕怒老君大劈门。风摆柳截式舞打，醉八仙变化无穷。大猴拳威势骁勇，金鸡独立等来人。小猴拳左右跳舞，十二桶（通）臂往里攻。左右踢腿不非轻，搜云躜起踢前胸。祖师留下拳脚势，走遍天下交宾朋。

〔一〕论，据文义，应为『伦』字之误。
〔二〕到，据文义，或为『倒』字之误。
〔三〕脑，据文义，应为『恼』字之误。后同。

二郎拳谱

神拳立势是英毫（豪），拨云望月变化高。单换影，顺胯（跨）虎，斜身跃步，败下势封闭严紧。

右换影，铁硬梁，顺步斜行，双梳鬓胆战心惊。下刹势迎门捣碓，长身法变化无穷。

单鞭拳抽梁换柱，连蹬挂面急如箭，左右踢腿怎留情。回身势金梁架柱，壮子（士）[一]打虎在西秦。

摘星抱月眉梢上，破步撩衣鬼神惊。豪杰争名观走兽，油崩锤细看分明。

白鹅亮翅人人怕，怀抱金丝蹪步行。反掌拳金梁架柱，采莲暗藏敌人警。

旋风脚，快如风，盖步三锤如闪电。打虎势罗汉金刚，哪吒倒托火焰枪。

败下势独立金鸡，五岳三杰拦门路。斜势能当八风严，金刚独靠莲台座。

关公举刀斩蔡阳，三堵八打回身势。

五龙爪，遂身行；三盘肘，背提铃；怒脑（恼）老君鬼神惊。

南唐拳双锤过目，拜仙势虎守洞门。蹪踢腿，五封锁，龙分二虎。

单鞭拳暗藏猛勇，转身变化如闪电，湘子[二]胯（挎）[三]蓝（篮）[四]倒骑龙。

〔一〕子，据文义，似为『士』字之误。

〔二〕湘子，即传说中的『八仙』之一韩湘子。

〔三〕胯，据文义，应为『挎』字之误。后同。

〔四〕蓝，据文义，应为『篮』字之误。后同。

窝里拳无人遮挡，扫地搜山似雷声。二郎闪门降七圣，魁星提斗把脚跷。五花掌拨云见日，蹁（蝙）[一]蹯（蝠）[二]脚力跺寒（韩）[三]通。勒马听风往后看，猛虎独座（坐）[四]山头把头摇。犀牛望，追风走，二郎神拳定七星。

太祖拳谱

太祖神拳中四平，邪（斜）行跃步称英雄。朝阳拳纵打太岁，蝙蹯（蝠）腿力跺韩通。邪（斜）行虎店场投下，双梳鬓胆战心惊。窝里发炮人人害怕，铁扫帚就地旋风。旋风脚随身就起，暗下取火鬼神惊。插手拳多能变化，汉油锤卧马提铃。盘肘势抓人就打，换步能打诸英雄。铁扇子三圣献果，荒郊野外卧麒麟。后有仙人来指路，刀对鞘各显神通。有人学全太祖势，走变（遍）[五]天下称英雄。

〔一〕蹁，据文义，应为『蝙』字之误。
〔二〕蹯，据文义，应为『蝠』字之误。
〔三〕寒，据文义，应为『韩』字之误。
〔四〕座，据文义，当作『坐』字。
〔五〕变，据文义，应为『遍』字之误。

杜氏钩枪拐谱

降魔护法站中间，天下驰名第一先。金刚一见心胆战，罗汉闻名透胆寒。左拐能挡雷云电，右钩能避八风严。闪步拐抽身掣步，后盖拐前推后钩。过步拐斜行绕步，川（穿）心拐直刺前胸。上钩拐双镰锁柱，双钩拐不教逃脱。下钩拐鸡步前进，双捋拐力勇难当。中钩拐轳辘相似，反背拐遮后当（挡）[一]前。上开拐里一外二，下捋拐钩断脖筋。下开拐观上顾下，上迎拐钩柱（住）[二]脚根（跟）[三]。中开拐左右相使，拦身拐难架难封。前棒拐随身进步，盖步拐车轮相同。后棒拐前冲后撞，翻身拐决不留情。钩枪拐杜氏家传，后子孙别传外姓。

五虎断门枪谱

伍员戳枪展气昂，胯（跨）马提枪战血场。三枪平倒洛阳主，沧（苍）[四]龙摆尾鬼神忙。行者举棒反身赶，太山[五]压顶一柱香。铁扫帚，最难挡，白猿抱刀入仙乡。

[一]当，据文义，当作『挡』字。后同。
[二]柱，据文义，应为『住』字之误。
[三]根，据文义，当作『跟』字。后同。
[四]沧，古文中通『苍』字。
[五]太山，即泰山，在山东泰安。

骑龙擒住班阑〔一〕虎，夜义（叉）〔二〕探海翻乌江。定南针难中得便，青龙献爪行雨步。铺地锦刘海戏蟾，铁幡杆黄龙点杆。一截二进蛇弄舞，醉金刚胯（跨）虎蹬山。鹤童子怀中掣剑，月殿嫦娥倒提蓝（篮）。五虎枪，在此间；无义徒，不可传。断门枪，两边伤；虫罩雾，最难当（挡），哪吒倒背火焰枪。铁牛耕地滴（敌）〔三〕封手，左右推山万载扬。乌龙翻江蛇弄舞，摇旗扫地拜天王。黄鹰扑兔单肩爪，拨草寻蛇避刀枪。巧女忍（纫）〔四〕针变化广，行者神棒袖内藏。反身闯进八卦阵，伍员举鼎押群王。白牛转角人人怕，伏虎战杆定中央。贵元枪，最为高。无义徒，不可交。有人学会战杆势，里门人中称英豪。

五行鸳鸯棍谱

手执鸳鸯棍两根，祖师传流世间人。立志刚强人见愁，单打惟匪（为非）〔五〕作歹人。

〔一〕班阑，指含混不清貌。班，古文中通『斑』字。

〔二〕义，据文义，应为『叉』字之误。后同。

〔三〕滴，据文义，应为『敌』字之误。

〔四〕忍，据文义，应为『纫』字之误。

〔五〕惟匪，据文义，应为『为非』。

左有青龙倒取，右有白虎碰人心。背提铃叔秦（宝）〔一〕背锏，三盘肘鹞子翻身。

孙宾（膑）〔二〕乘牛出魏国，菩萨空中来讲合（和）〔三〕。左撩右撩前后打，八洞神仙探水波。

倒提柳指前打后，怀抱乾坤降么（妖）〔四〕魔。阴阳棍，上下分，双龙摆尾等来人。

马棒提铃枪谱

二郎担山最为先，后有尉迟倒托鞭。力劈化（华）〔五〕山人难比，白马脱缰打一鞭。

二郎拾担方要走，不让二郎大换肩。胯（跨）势斜枪最为能，前走几步托四平。

转身变化如闪电，扫地搜山似雷声。黄龙拱地败阵走，孔雀反身取人心。

黑虎转近不非轻，搜云赞起打前胸。左提枪，诸候（侯）〔六〕怕，右提枪，鬼神惊。

分头一指撤身走，斜岔一步命残生。白蛇搭地无人知，拨草寻蛇紧护膝。

上去本是龙剪尾，白蛇回头壮（撞）〔七〕前胸。白蛇败走不许赶，白蛇入洞取其阴。

〔一〕秦，据文义，应为『宝』字之误。指秦叔宝。

〔二〕宾，据文义，应为『膑』字之误。后同。

〔三〕合，据文义，当作『和』字。

〔四〕么，据文义，应为『妖』字之误。

〔五〕化，据文义，应为『华』字之误。后同。

〔六〕候，据文义，应为『侯』字之误。后同。

〔七〕壮，据文义，似为『撞』字之误。

吕布挟戟到阵前，退步托戟透胆寒。滚身进步开山打，开山落地打强山。
强山不得禅门打，禅门不得抱月还。罗成提枪是英雄，连遮大盖破五雄。
上是耳风换式打，下扎软肋倒取龙。龙归沧海盘蛇洞，提炉一枪定太平。

姜维枪里加棒谱

疯魔神枪最为先，关公令刀在眼前。韩信按戟生巧计，太公执定钓鱼杆（竿）〔一〕。
前有风云盖顶下，孙宾（膑）提龙假疯癫。后有拦门朱雀式，诸葛茅芦（庐）〔二〕销中原。
左有梨花来舞袖，右有神棒暗劈肩。上似滴水难招架，下似伏虎把地翻。
有人学会枪加棒，天下驰名第一先。

十二路进枪法

头路开门见势枪；二路白蛇吐信枪；三路硬劈软拿枪；四路金鸡点头枪；五路滚手转还枪；六路

〔一〕杆，据文义，当作『竿』字。
〔二〕芦，据文义，应为『庐』字之误。

四封四避（闭）〈稳〉〔一〕枪；七路哑叭（巴）〔二〕阴暗枪；八路靠身蟾（缠）〔三〕丝枪；九路野猪哄（拱）〔四〕地崩枪；十路三尖分上下；十一路夜义（叉）探海；十二路败势回马枪赢枪。

子龙中平论

上游场，秦王磨旗上；下游场，秦［王］〔五〕磨旗下。中平枪，枪中王，高坻（低）〔六〕远近都无方（妨）〔七〕。

来如箭，去如线，指人头，劄（扎）〔八〕人面。圈里劄（扎）圈圈外看；圈外劄（扎）圈圈里看。高不拦，坻（低）不拿，当中一点难着（遮）〔九〕架。你枪发，我枪拉（拿）〔一〇〕，你枪不动我枪劄（扎）。劄（扎）刺缠远锁扣劄（扎），劄（扎）了较合手，非者无争独立口。

〔一〕避，据文义，似为『闭』字之误。『封闭』两字，多见于明清枪法，如吴殳的手臂录。后面的『稳』字，似为衍文。
〔二〕叭，据文义，应为『巴』字之误。
〔三〕蟾，据文义，应为『缠』字之误。
〔四〕哄，据文义，应为『拱』字之误。
〔五〕王，据文义所补。
〔六〕坻，据文义，应为『低』字之误。
〔七〕方，据文义，应为『妨』字之误。
〔八〕劄，据文义，疑为『扎』字之误。后同。
〔九〕着，纪效新书·长兵短用说篇作『遮』字，当是。
〔一〇〕拉，纪效新书·长兵短用说篇作『拿』字，当是。

张飞大枪谱

张飞大枪最为先，后有尉迟倒托鞭。上三枪拨云见日，下三枪黑龙悬江。
劈面三枪挑下势，倒提柳六郎神枪。左虎枪端然守定，化（华）山不识把人伤。
小神枪当场便下，滑枪式世人难防。柳串枪左右不进，枪法威烈世无双。
张飞大枪十三路，独挡曹兵立守当阳。

子龙大枪谱

子龙托枪跕[一]中央，伍员托枪赴湘江。平地行龙败转走，张飞倒托火焰枪。
火龙□□□推车，雨步金鸡翻身赶。霸王倒托一把鞭，头顶神杆轧玉山。
老生点化单肩抗，十面埋伏擒霸王，后有姚期保汉皇。左提枪，诸候（侯）怕；右提枪，鬼神惊。
斜岔一步命惨生，住练毫，点取挂，前观后拉。

子龙中平点花枪

中平枪盖世无双，韩信摸戟等霸王。批面枪暗不提防，左胯（跨）剑五虎群羊。
黑旋风拨云见日，野马翻蹄按上方。急三枪仙人指路，猛张飞独坐当阳。

〔一〕跕，提起脚跟，用脚尖着地。

定膝枪吕布托戟，五花棒六郎神枪。紧缠身夺窝入定，塞海枪保国安邦。

有人学会中平式，万马营中敢应当。

双刀梨花谱

双刀立势谁敢欺，安邦定国保华夷。前砎（砍）强人破路，后砎（砍）恶人远方离。左砎（砍）青龙双摆尾，右砎（砍）猛虎展翻身。上砎（砍）天堂而不漏，下砎（砍）蛟龙入海池。分鬃一刀三转身，定势一刀刊（砍）〔一〕四门。刊（砍）三刀威烈难比，滚三刀黄龙卧身。破三刀手尾不雇（顾）〔二〕，分三刀不离两肋。扎三刀智谋难取，中三刀敌将归阴。

有人来学双刀势，万马营中敢对敌。

云梦单刀谱

单刀立势斩肖荣，兵法武艺赌输赢。

上盘刀楼（搂）〔三〕头就砎（砍），下盘刀砎（砍）腿销（削）〔四〕脚。

〔一〕刊，据文义，应为『砍』字之误。后同。

〔二〕雇，当作『顾』字。

〔三〕楼，据文义，应为『搂』字之误。

〔四〕销，据文义，应为『削』字之误。

翻身刀随身前进，穿心刀人人发毛。有人来进单刀势，破死亡魂使飞脚。
云梦留下单刀艺，无义之徒不可较（教）[一]。

春秋刀谱

关公提刀祝上苍，左右分刀暗阴阳。斜身跨定云华月，右边肋下世无双。
一献刀，二献枪，刀劈英雄一大邦（帮）[二]。出世扫平黄巾搅（党）[三]，全凭华月按上方。
大战黄忠托刀势，抛刀计策斩蔡阳。藏刀立诛华雄将，赤兔栖身美名扬。
背刊（砍）三刀诛文丑，搅刀枪势死彦（颜）[四]良。金刚献綦神鬼怕，鬼谷出洞最难防。
勒马刀，撩刃刀，五关斩将是英毫（豪）。白猿转觉败刀势，刊（砍）挑捆杀把名扬。
百万雄兵谁赶（敢）[五]挡，关公留刀在许昌。有人来学春秋势，稳重如山万别慌搪。

〔一〕较，据文义，应为『教』字之误。
〔二〕邦，据文义，应为『帮』字之误。
〔三〕搅，据文义，当作『党』字。
〔四〕彦，据文义，应为『颜』字之误。
〔五〕赶，据文义，应为『敢』字之误。

齐眉木人阴手棍谱

先人立棍称高强，白蛇吐信把人伤。拨草巡（寻）〔一〕蛇朝下打，怀中抱月左右藏。架海金梁多变化，孤树盘根闭刀枪。仙人幌影前后护，浪里三跳闪电光。乌龙摆尾将水戏，白虎入洞尾后扬。左手挂，左腿扬，右手一挂见闫（阎）〔二〕王。凤凰展翅上下舞，金鸡独立人怎党（挡）〔三〕。上棍能打山崩列（裂）〔四〕，下棍窝挑虎豹伤。左右连环遮日月，仙人指路拜君皇。祖师留下真阴手，戳棍一站英名扬。

庄家柳棍谱【单练对打均可行】

戳棍立势最为先，出门遮挡半边天【上打下戳，反串架梁】。左边撒下一条蟒【双过扫腿】，翻水搅海一条鞭【正架梁，叠棍】。脑后背棍人难忍【败势，根（跟）步戳脚】，倒托戟子往前蹿【跳左，右拦腰棍】。猿猴上树人害怕【对跳对瞒头】，上打足根（跟）吓人间【对扫腿】。

〔一〕巡，据文义，应为『寻』字之误。

〔二〕闫，据文义，应为『阎』字之误。

〔三〕党，据文义，应为『挡』字之误。

〔四〕列，据文义，当作『裂』字。

大（太）〔一〕公钓鱼人不吃【叠步棍，还架梁】，朝天阴棍惊人魂【偏架对戳腿】。
浪里摆条人难进【斜抱棍，上惊下取】，老僧禅杖关洞门【指上打下，戳棍】。
上步敌棍下点化【拦腰棍打下过】，归门抱棍等来人【架梁单撒手，一棍败归正门】。
如若对打改换势，细看小批紧留神。

孙吾（悟）〔二〕空行者棒

文武大将下西川，那（哪）〔三〕个阿拿敢犯边。夜义（叉）出世降天下，齐天大圣闹宫天。
上穴指打天灵盖，下穴指打脚后根（跟）。金棒一举定天心，八背（臂）〔四〕哪吒镇天门。
二郎杨戬胯（挎）三刃，荒郊野外卧麒麟。乌龙翻水不见棒，卧虎伏身起无情。
倒提柳，惊鬼神；抱瑟（琵）〔五〕琶，等敌人。金棒一立定乾坤。

〔一〕大，古文中通『太』字。
〔二〕吾，据文义，应为『悟』字之误。
〔三〕那，据文义，当作『哪』字。
〔四〕背，据文义，应为『臂』字之误。
〔五〕瑟，据文义，应为『琵』字之误。

地龙经

提要

地龙经，一册，抄本，共四十三页，正文每页二至十行；字体行楷相间，然间杂乡里俗言俚语及异体字、错别字，故有些地方难以卒读。关于此谱的抄录时间，文中未有具体题署，仅在其封页书有『癸丑年订』字样。不过，谱中几处『擰』字均有缺笔现象，应是避道光帝讳所致。故依此推断，此谱的抄录年代大概为咸丰三年（一八五三）。地龙经在二十世纪八十年代武术挖掘整理活动中被捐出，遗憾的是未留下捐献地及捐献者姓名。此谱现藏于中国武术研究院，院藏编号为G852.29-11。

就内容而言，此谱主要汇集了诸多拳法与刀法。拳法有鸳鸯脚拳架、骨寸腿拳架、中风剪拳架、六合掌、次六合掌、花车、河东、指东、行者出世、歪十披路、扑刀路、捻腿上手、捻腿下手、崛翘、韩通、辕门、美女照镜、如花剪、翻天印、行腿、小圆堂、大圆堂、十字披、酒醉八仙，刀法有马前六刀、七步刀、梅花刀、山后藏锋、六路喜鹊登枝刀、刀法、头路七星刀、二路举鼎刀、三路黑虎滔（掏）心刀、四路刷（剐）手翻江及五路牵羊刀等。

地龙经影印

癸丑年訂

地龍經

鴛鴦脚拳架合仙拱手双立肘

軟登撲

左斜步掌

右小掛面鋪腿

右進步掌

左破人脚

左回掌

回左掌

單搶跪

右大捎

合仙人拱手双立肘

回右掌

起步斜步掌

單封手跳步

右小掛面鋪腿

鴛鴦脚

登撲

雙封手跳步

左回掌

雙立肘

左進步掌

回左掌

仙人拱手

起步斜步掌

落斜步掌 名頓肘

右大捎

雙立肘

登撲

大掛面
右小捎

左回掌
左小捎

登撲
直出左掌

骨寸腿拳架

軟登撲
仙人拱手
双立肘

左斜步掌
右回掌
左進步掌

右小掛面鋪腿
起步斜步掌
左回掌

右進步掌
封手
跳步

仙人拱手
右封手
左八踏脚

小掛面鋪脚
右手扶地地風剪
左骨寸腿

左免打
右抽串肱
回左掌

登撲
大捎
雙封手

右搶背
起步立肘
右大捎

起步回左掌　登撲
回左掌　登撲
左小捎　出左掌
頂步右骨寸腿

右大掛面
右小捎
頂步左骨寸腿

中風剪拳架

軟登撲
左斜步掌
右小掛面鋪腿
左破人脚
左回掌
右抽串肱
右大捎
右搶背
右倒

仙人拱手
右回掌
左搶背
右腿封鋪腿
鴛鴦脚
回左掌
單搶跪
雙立肘
右抽串肱

雙立肘
左進步掌
仙人拱手
起步右斜步掌
右手扶地中風剪
登撲
双封手
右大捎
回左掌

登撲

登撲

直出左掌

大掛面

右小捎

回左掌

左小捎

六合掌

左手封出右掌 出左掌左正門架子脚 出右掌右架子脚偷腿

轉身左手回馬鞭 跳步立肘 、頂步代封手

左架子脚 右大掛面 回身左架子脚

落步回右隨肘 左鑽錘 右攢錘

代封手右架子脚 回左掌 左登撲

大掛面跳閃步、落地出左掌 頂步右骨寸腿

頂步左骨寸腿、

次六合掌

左手封出右掌 回掌 登撲

出右掌栔子脚　右栔子脚
跳步立肘　小掛面撲腿
右栔子脚　左栔子脚
上步左攢錘　右鑽錘
右小捎　回左掌

佃步上步回馬鞭
起步回掌登撲
佃步右栔子脚
左小捎

花車

雙手披撲刀　出右斜步掌　左回掌
佃步偷右腿支剪架　左洩腿　起步出左掌
頂右掌大掛面　右手扶地支剪架　左洩腿
掠步右回掌　武登撲　右八踏脚
落地單搶跪　左盤肘封手　右盤肘双封手
跳步仙人拱手　二合右步双手扣　反身搜
左佃捎　起步偷右脚　倒
落左步　立膝錘　上右腿右封手
中風剪　反車腿（左手扶地）　搢步起

回左掌

右兔打

上步夲肩提膝

火龍現寶

轉身起左步

空登撲

回左掌

摟右手

落馬家店

立膝錘

歪膝

左登撲

右纏腰腿

抽串肱

河東

雙行手軟登撲　仙人拱手　左封腿
落單搶跪　頂步左骨寸腿　右大掛面
落地地風剪　左洩腿　掠步回右掌
武登撲　右八踏脚　落單搶跪
左盤肘　右盤肘　封手跳步　仙人拱手
雙手扣　倒　右盤腿
起步大揭底　落地出右掌回左掌　回右掌
回左掌　代大捎　轉身右手扶地
左腿劈蹬　右抽串肱盤右腿　起步擴

雙大捎
回左掌登撲
指東
六合掌
落地支剪架
摺步回右掌
落地單搶跪
仙人拱手
抗旗
右抽串肱

上風剪
直掛面
回左掌
左洩腿
右登撲
左盤肘右盤肘
回身双手叩
右腿朝天脚
右搶背

抽串肱
封手跳步雙立肘
登撲大掛面
坐伷捎
回身右八踏脚
双封手跳步
倒
反身落地壓剪
起步立肘

行者出世

軟蹬撲

左八踏脚

右兔打

左盤肘

盤右腿

左腿落地右盤腿

雙手摟

起步雙手撥

抄右手左斜步掌

仙人拱手

轉身左手扶地

左抽串肱

封手閃步單搶跪

倒地左朝天脚

起步抄手

崩打雙手叩

落倒

摔掌

右手掛耳出左掌

右骨寸腿

回身單搶跪的右跟肘

出左掌

左將將腿

打右進步掌

落盤左腿

起步立膝錘

回身右盤腿

起步右腿大揭海
攔揭穴
落馬家店
回左掌
回左掌
封手跳步

右盤腿
落盤右腿
右抽串肱
登撲登不登
頂右掌
双立肘

起左步上右步
上風剪
轉身起左步
騎馬式
半掛面

歪十披路

十字跨
翻身胥腿
大掛面
左免打
回左掌
左破膝脚
右帮手脚
右上步

歪十
掠步回右掌
支右剪
右抽串肱
左登撲
閃雙步
回馬鞭
左上步

右崩腿
武登撲
左骨寸腿
右免打
右捎打顛步代登撲
偷右腿左骨寸腿
跳步
回右掌

撲刀路

左手披

出左斜步掌

左骨寸腿左免打

閃步單搶跪

起步上一步攔

右抽串肱

起步打左斜步掌

回左登撲

右手出斜步掌

轉身登撲右手撲

右抽串肱回右掌

顛步入地風剪登

喜鵲登枝左腿登

夜行步回身出右掌

回左掌跟步打左立膝錘

直掛面

帶撲刀手

右手扶地文剪架

登撲大掛面

回身右盤腿 打右垂

火竜現宝

雙手叩

抄手打右斜步掌

雙封手跳步立肘

捻腿上手

上步出右錘　右盤腿　連環步

右槊子脚　佃步打左錘　右擔背

上步打右劈錘　歪膝　倒

上步打中門錘　右盤腿　上風剪

抽串肱　起立膝錘

捻腿下手

上步打右進步掌　右手扶地滚身地風剪　右手攬

搖起代倒　右擔背　轉身左地風剪

抗旂　双截骨　倒

打右捎
啞翹
啞翹
直掛面
滚身地風剪
起步立肘
黄竜尾
又倒
左手抱
右免打

左搶背
冋左掌
雙封手跳步立肘
直出
左雙手叩
雙登
右盤腿
右手抱
起步立膝錘

起步立肘
登撲
通背掌
右搶背
大劈跨
倒
上步攛
上風剪

韓通

歎登撲　仙人拱手　出右掌左偷腿
轉身出左掌　右偷腿　倒地左朝天脚
落地右手扶地支前架　左腿鈎掛　左兔打
起步左手扶地支前架　右腿鈎掛　右兔打
回左掌　右手扶地反車腿　掠地右手反車腿
右封腿　撩馬家店　右顛捎
引針　收肱　抗旂
鍁除　半反車腿　攙打右垂腿崩起步
單搶跪　右大捎　轉身起步右八踏脚

左盤肘

轅門

大捎

右盤腿

右崩腿

左盤腿

雙合彎

回身左盤肘

起步半空連環脚

左腿落地轉身抱腦

起步攛

倒

右抽串肱

雙手扶地右腿落地

左顛捎

雙登

立膝錘

美女照鏡

跟肘　陰掌　陽掌

左隨肘　右隨肘　搓掌

摟手　情手　開掌

纏封手　托天錘　太陽肘

雙封手　跳步　雙立肘

如花剪

如花剪　上步出左掌　合步左手合

上步打右橫步掌　回身左隨肘　回身右隨肘

上步打右磋掌　左手佃步單剪　左登撲

右大捎

右小掛面

轉身左單搶跪

轉身左骨寸腿

左登撲

左小捎

雙手扶地左壓剪

雙手扶地搖剪

攢

右小掛面

右大捎

跳步雙立肘

右手扶地左骨寸腿

埶

右腿撥剪

回左掌

代登撲

翻天印

軟登撲
右大掛面
倒
回身出右通背掌
左破人脚
鴛鴦脚
右抽串肱回左掌
起步立肘
右手扶地〻羅網

仙人拱手
右手扶地支剪
左立膝捶
滚身地風剪
右封腿鋪腿
雙手扶地反天印
登撲大捎
大捎回左掌
搢步左回掌

左八踏脚
右腿喜鵲登枝
抄左手上左步
搢右腿轉身搵起倒
起步回左掌
落馬家店
雙封手右搶背
左手扶地天羅網
右回掌

行腿

上步起右腿
回左掌
左骨寸腿
回左掌
右腿崩
上步起右腿
直掛面

右纏腰腿
登撲
右掛腿閃步
空登撲
半空綻左辰鈎月
擂步回左掌
雙封手

落出右斜步掌
大掛面
右大掛面
綻歪膝
左崩腿
登撲
跳步立肘

小圓堂

上左步起右腿
回左掌
右手扶地支剪架
右抽串肱
右崩腿
盖步右腿掠步回左掌
直掛面

右纏腰腿
登撲
右骨寸腿
回左掌空登撲
轉身在辰釣月
雙封手

落地出右斜步掌
大掛面
左兔打
歪膝
左崩腿
登撲
跳步立肘

大圓堂

左手掛面出右掌
右封腿
左朝天脚
落馬家店
左兔打
右兔打
右手單立肘
盤右腿倒火龍現宝
抄手打右進步掌

右八踏脚落地
右登筋腿
左腿落地
左腿金絲纏臭
倒左剪
起步左手掛耳
左手進步掌
右抽串肱
右手兔裡

轉身左登筋腿
右盤腿
雙手扶地小旁窩
右腿金絲纏臭
右骨寸腿
右進步掌
雙昆
起步回左掌
左手串袖

雙手抓筋
倒地左腿鈎掛
左抽串肱
回身左鑽錘
起步回左掌
步出左掌撑馬家店
抄手打右進步掌
左眉腿
轉身右眉腿
左帶捎

倒左斜步
佃步上斜步掌
轉身右單搶跪
右手扶地支剪架
封手跳步立肘
右手戲右手免打
掠步回身出右掌
右帶捎
左崩腿

打右迎面錘
佃步左歪身抱
右鑽錘
左骨寸腿右免打
抄手打右進步掌
搕起左栽子腳
右手扶地支剪架
倒地左腿擒
轉身左眉腿
右腿封半空轉身

左辰釣月
左手戲
左骨寸腿

左崩腿
右手免打
左免打

左腿掠步回右掌
旋剪
回右掌

十字披

拖鞭式
頓右步
回身揭海
上右步偷左腿
頓左步打十字
外門打手
揹襠打中門
下左腿打浮門
跳步打浮門

打中門
打十字
偷左腿打中門
打中門
左步揭海
頓騎馬式
轉身打中門
拖左腿回身
佃步打底門

摔回
偷左腿打中門
轉身打中門
轉身打中門
上右步
摔回
偷左腿打中門
左步揭海
搼右腿揭海

落右步打浮門　下左腿打十字　下右腿打十字

下左腿打十字　轉身上右步　抬浮門

騎馬式打底門　收右腿抱式

酒醉八仙

拖鞭式

直打

鑿步招底

朝中門

回身打浮門

轉身

上步打浮門

提襠

打中門

上右步平打

上斜步

酒醉打底門

閃身錯筋

提襠

抛鞭式

揭海

招底門

合左步打中門

揭海

外門打手

頓騎馬式

下左腿

朝底門

酒醉打底門

頓騎馬式

上右步

打浮門

上斜步

偷左腿

外門打手

打底門

馬前六刀

托月

搜筋

莫秋

擂揀

外排

搜筋

扳頭

擂揀

七步刀

抱刀式

上右步頂帶

捧右腿打底門

招浮門

上左步使鑽

落步斫浮門

劊刀

上右步招浮門

劊刀跳步

研浮門
劊刀上右步
馬前六刀
上步扎刀
提葉
上朋刀進步
扳頭
山後藏鋒
扎刀
掃地風

劊刀上左步
研浮門
托月
莫秋
退步白鶴亮翅
番刀
斬腕
莫秋
扳頭

研浮門
攔馬
隨風掃葉
夜人探海
擅棟
莫秋
地裏插針
外排

搜筋
山後藏鋒
扎刀
隨風掃葉
托月
斬腕
隨風掃葉
托月
斬腕
莫秋

托月
斬腕
隨風掃葉
下朋刀
擂㨂
莫秋
上朋刀
擂㨂
莫秋
吊玉

擂㨂
莫秋
過門扎刀
搜筋
山後藏鋒
扎刀
搜筋
山後藏鋒
扎刀
下托月

擂楝　莫秋　拖扎刀
左轉林　右轉林

梅花刀

抱刀式招中門　撑腿招底門　騎馬式招底門
出右步夆刀　上步斫浮門　轉身一劃
撑腿招底門　小騎馬式招底　出左步招浮門
斫中門　回身斫中門　轉跳步
騎馬式招底　出右步夆刀　左山披
右山披　轉身抗刀式　上右步
上右步劃底門　偷左腿

封刀
封刀
跳步
轉身劃刀
封刀
回身招浮門
斫底門
轉身臨
舉刀式

偷左腿
抱刀
上步斫浮門
回身斫中門
轉身
上右步
收步抱
騎馬式招底門

進右步
雙封刀
拖左腿
上左腿
出左掌
騎馬式
出右步
出右步

山後藏鋒

抱刀式

騎馬式

斫闖馬

斫中門

下右腿

下右腿

招浮門

招浮門

招浮門

出左步挌刀

招闖馬

起步招浮門

下左腿

閃身招中門

騎馬式招底

較刀

較刀

較刀

上右步平斫中門

騎馬式

創刀跳步

騎馬式招底

上右腿斫中門

下左步

下右步

下右步

挌刀

右步斫中門　捧右腿招底　落右步斫浮門
招浮門劗刀　顛步斫中門　上右步斫曲肱
招浮門劗刀　偷腿斫浮門　收步招中門

六路喜鵲登枝刀

東作喜鵲登枝　西劈心一刀　東側身進步扎心
西撩手　東手一張　西劈頭一刀
東進步截肘　西縮身斫退　東退腿砍項
西敗走　東進步扎脇　西云扎脇
東縮刀敗走　西劈頭一刀　東放步斫

刀法

劈頭一刀進步攔手砍頭　劈肩一刀一登截肘

劈心一刀退步截手　劈面一刀進步攔手取項

截肘一刀吊刀砍腿敗走　劈頭一刀進步小身砍肘

頭路七星刀

西劈頭一刀　東截肘　西肘一張

東律刀敗走作势　西趕去砍頭　東截肘

西一張　東砍頭　西橫刀割項

東跪右腿截肘　西一張敗走作金刀出鞘势

東橫刀砍腰　東側身

西砍腹東截肘　西一張

西撩手　東律肘

東截肘

二路舉鼎刀

東小勢抗刀　西砍頭

西一張　東割頭

東律肘　西一張

西砍頭　東掤肘砍頭

東往西走西往東走作小勢

東進步截肘　東一張

東扎刀

西一張扎腰

東進步截肘

西跪右腿截肘

東敗走作霸王舉丁勢

東拿手

西砍頭

東乘勢扎心

西弓腰　東橫刀砍腰　西跳步砍手

東敗走作牽手勢　西砍頭　東截肘

西手一吊　東砍頭　西撩手

西上張　東扎心　西撩手

東一張放刀

三路黑虎滔心刀

西劈頭一刀　東左進身截肘　西肘一吊

東扎心　西身手一側截肘　東刀剮肘敗走

西趕上劈頭一刀　東右進身截肘　西退步一收

四路刷手翻江

西斫手

東斫腰

西趕上砍右腿

東進右步砍膊

西收刀

五路牽羊刀

西劈頭一刀

東順手割腹

西捉肘 轉刀進步扎腹

東順刀砍手

東進步捧肘

西退右步砍手

東提腿砍肘

西放步截肘

東進步割項

西一截

東敗走 反身伸手割項

西放手退步收刀

西手一張

東敗走

西退步收刀

東進步砍肘

西一截

東拿扎脇

西接手扎脇

地龙经校释

地龙经

癸丑年订

鸳鸯脚拳架 合仙〔人〕〔一〕拱手双立肘

软登扑，合仙人拱手双立肘，双立肘，左斜步掌，回右掌，左进步掌，右小挂面铺腿，起步斜步掌，回左掌，右进步掌，单封手跳步，仙人拱手，左破乂（叉）〔二〕脚，右小挂面铺腿，起步斜步掌，左回掌，鸳鸯脚，落斜步掌【名顿肘】，回左掌，登扑，右大捎，单抢跪，双封手跳步，双立肘，右大捎，左回掌，登扑，大挂面，左回掌，登扑，右小捎，左小捎，直出左掌。

骨寸腿拳架

软登扑，仙人拱手，双立肘，左斜步掌，右回掌，左进步掌，右小挂面铺腿，起步斜步掌，左回掌，右进步掌，封手，跳步，仙人拱手，右封手，左八踏脚，小挂面铺脚，右手扶地地风剪，左骨寸腿，

〔一〕人，据文义所补。

〔二〕乂，据文义，应为『叉』字之误。后同。

左免打，右抽串肱，回左掌，登扑，大捎，双封手，右抢背，起步立肘，右大捎，起步回左掌，登扑，右大挂面，回左掌，登扑，右小捎，左小捎，出左掌，顶步左骨寸腿，顶步右骨寸腿。

中风剪拳架

软登扑，仙人拱手，双立肘，左斜步掌，右回掌，左进步掌，右小挂面铺腿，左抢背，仙人拱手，左破乂（叉）脚，右腿封铺腿，起步右斜步掌，左回掌，鸳鸯脚，右手扶地中风剪，右抽串肱，回左掌，登扑，右大捎，单抢跪，双封手，右抢背，双立肘，右大捎，右倒，右抽串肱，回左掌，登扑，大挂面，回左掌，登扑，右小捎，左小捎，直出左掌。

六合掌

左手封出右掌，出左掌，左正门，跺子脚，出右掌，右跺子脚，偷腿转身左手回马鞭，跳步立肘，〈一〉[一]顶步代封手，左跺子脚，右大挂面，回身左跺子脚，落步回右随肘，左钻锤，右攒锤，代封手，右跺子脚，回左掌，左登扑，大挂面跳闪步，落地出左掌，顶步右骨寸腿，顶步左骨寸腿。

〔一〕一，据文义，应为衍文。

次六合掌

左手封出右掌，回掌，登扑，出右掌跺子脚，右跺子脚，佃（垫）〔一〕步上步回马鞭，跳步立肘，小挂面扑腿，起步回掌登扑，右跺子脚，左跺子脚，佃（垫）步右跺子脚，上步左攒锤，右钻锤，左小捎，右小捎，回左掌。

花车

双手披扑刀，出右斜步掌，左回掌，佃（垫）步偷右腿支剪架，左洩腿，起步出左掌，顶右掌大挂面，右手扶地支剪架，左洩腿，掠步右回掌，武登扑，右八踏脚，落地单抢跪，左盘肘封手，右盘肘双封手，跳步仙人拱手，〈二〉〔二〕合右步双手扣，反身拽，左佃（垫）捎，起步偷右腿，倒，落左步，立膝锤，上右腿右封手，中风剪，反车腿【左手扶地】，[illegible]〔三〕步起，回左掌，空登扑，歪膝，右免打，回左掌，左登扑，上步本肩提膝，搂右手，右缠腰腿，火龙现宝，落马家店，抽串肱，转身起左步，立膝锤。

〔一〕佃，据文义，应为『垫』字之误。后同。
〔二〕二，据文义，应为衍文。
〔三〕[illegible]，此字难以识别，待考。后同。

河东

双行手软登扑，仙人拱手，左封腿，落单抢跪，顶步左骨寸腿，右大挂面，落地地风剪，左洩腿，掠步回右掌，武登扑，右八踏脚，落单抢跪，左盘肘，右盘肘，封手跳步，仙人拱手，双手扣，倒，右盘腿，起步大揭底，落地出右掌回左掌，回右掌，回左掌，代大捎，转身右手扶地，左腿劈蹚，右抽串肱盘右腿，起步撺（蹿）〔一〕，双大捎，上风剪，抽串肱，回左掌登扑，直挂面，封手跳步双立肘。

指东

六合掌，回左掌，登扑大挂面，落地支剪架，左洩腿，坐仙（垫）〔二〕捎，撺步回右掌，右登扑，回身右八踏脚，落地单抢跪，左盘肘，右盘肘，双封手跳步，仙人拱手，回身双手叩（扣）〔三〕，倒，抗旗，右腿朝天脚，反身落地压剪，右抽串肱，右抢背，起步立肘。

行者出世

软登扑，仙人拱手，右手挂耳出左掌，左八踏脚，转身左手扶地，右骨寸腿，右免打，左抽串肱，

〔一〕撺，据文义，似为『蹿』字之误。后同。

〔二〕仙，据文义，应为『垫』字之误。

〔三〕叩，同『扣』字。后同。

回身单抢跪的右跟肘，左盘肘，封手闪步单抢跪，出左掌，盘右腿，倒地左朝天脚，左将将腿，左腿落地右盘腿，起步抄手，打右进步掌，双手搂，崩打双手叩（扣），落盘左腿，起步双手搂，落倒，起步立膝锤，抄右手左斜步掌，摔掌，回身右盘腿，起步右腿大揭海，右盘腿，起左步上右步，搉（蹿）揚穴，落盘右腿，上风剪，落马家店，右抽串肱，转身起左步，回左掌，登扑登不登，骑马式，回左掌，顶右掌，半挂面，封手跳步，双立肘。

歪十披路

十字跨，歪十，右崩腿，翻身屑腿，掠步回右掌，武登扑，大挂面，支右剪，左骨寸腿，左免打，右抽串肱，右免打，回左掌，左登扑，右打捎颠步代登扑，左破膝脚，闪双步，偷右腿左骨寸腿，右跺子脚，回马鞭，跳步，右上步，左上步，回右掌。

扑刀路

左手披，右手出斜步掌，带扑刀手，出左斜步掌，转身登扑右手扑，右手扶地支剪架，左骨寸腿左免打，右抽串肱回右掌，登扑大挂面，闪步单抢跪，颠步入地风剪登，回身右盘腿【打石垂（锤）〔一〕】，起步上一步搉（蹿），喜鹊登枝左腿登，火龙现宝，右抽串肱，夜行步回身出右掌，双手叩（扣），

〔一〕垂，据文义，应为『锤』字之误。

起步打左斜步掌，回左掌跟步打左立膝锤，抄手打右斜步掌，回左登扑，直挂面，双封手跳步立肘。

捻腿上手

上步出右锤，右盘腿，连环步，右跺子脚，佃（垫）步打左锤，右抢背，上步打右劈锤，歪膝，倒，上步打中门锤，右盘腿，上风剪，抽串肱，起立膝锤。

捻腿下手

上步打右进步掌，右手扶地滚身地风剪，右手揽，拧起代倒，右抢背，转身左地风剪，抗旗，双截骨，倒，打右捎，左抢背，起步立肘。

崛翘

崛翘，回左掌，登扑，直挂面，双封手跳步立肘，通背掌，滚身地风剪，直出，右抢背，起步立肘，左双手叩（扣），大劈跨，黄龙尾，双登，倒，又倒，右盘腿，上步搉（蹿），左手抱，右手抱，上风剪，右免打，起步立膝锤。

韩通

软登扑，仙人拱手，出右掌左偷腿，转身出左掌，右偷腿，倒地左朝天脚，落地右手扶地支剪架，左腿钓挂，左免打，起步左手扶地支剪架，右腿钓挂，右免打，回左掌，右手扶地反车腿，掠地右手反车腿，右封腿，撩马家店，右颠捎，引针，收肱，抏旗，锨除，半反车腿，擒【打右垂腿崩起步】，单抢跪，右大捎，转身起步右八踏脚，左盘肘。

辕门

大捎，回身左盘肘，右抽串肱，右盘腿，起步半空连环脚，双手扶地，右腿落地，右崩腿，左腿落地，转身抱脑，左颠捎，左盘腿，起步撺（蹿），双登，双合弯，倒，立膝锤。

美女照镜

跟肘，阴掌，阳掌，左随肘，右随肘，搓掌，搂手，情手，开掌，缠封手，托天锤，太阳肘，双封手，跳步，双立肘。

如花剪

如花剪，上步出左掌，合步左手合，上步打右横步掌，回身左随肘，回身右随肘，上步打右磋（搓）[一]掌，左手佃（垫）步单剪，左登扑，右大捎，双手扶地左压剪，右手扶地左骨寸腿，右小挂面，双手扶地摇剪，翘，转身左单抢跪，攒，右腿拨剪，转身左骨寸腿，右小挂面，回左掌，左登扑，右大捎，

〔一〕磋，据文义，应为『搓』字之误。

代登扑，左小捎，跳步双立肘。

翻天印

软登扑，仙人拱手，左八踏脚，右大挂面，右手扶地支剪，右腿喜鹊登枝，倒，左立膝腄（锤）〔一〕，抄左手上左步，回身出右通背掌，滚身地风剪，[illegible]右腿转身拧起，倒，左破义（叉）脚，右封腿铺腿，起步回左掌，鸳鸯脚，双手扶地反（翻）〔二〕天印，落马家店，右抽串肱，回左掌，登扑大捎，双封手右抢背，起步立肘，大捎回左掌，左手扶地天罗网，右手扶地地罗网，[illegible]步左回掌，右回掌。

行腿

上步起右腿，右缠腰腿，落出右斜步掌，回左掌，登扑，大挂面，左骨寸腿，右挂腿闪步，右大挂面，回左掌，空登扑，绽歪膝，右腿崩，半空绽左辰钓月，左崩腿，上步起右腿，[illegible]步回左掌，登扑，直挂面，双封手，跳步立肘。

小圆堂

上左步起右腿，右缠腰腿，落地出右斜步掌，回左掌，登扑，大挂面，右手扶地支剪架，右骨寸腿，

〔一〕腄，据文义，应为『锤』字之误。
〔二〕反，据文义，当作『翻』字。

左免打，右抽串肱，回左掌，空登扑，歪膝，右崩腿，转身在辰钓月，左崩腿，上步右腿掠步回左掌，登扑，直挂面，双封手，跳步立肘。

大圆堂

左手挂面出右掌，右八踏脚落地，转身左登筋腿，右封腿，右登筋腿，右盘腿，左朝天脚，左腿落地，双手扶地小旁离，落马家店，左腿金丝缠蔓，右腿金丝缠蔓，左免打，倒左剪，右骨寸腿，右免打，起步左手挂耳，右进步掌，右手单立肘，左手进步掌，双昆，盘右腿，倒，火龙现宝，右抽串肱，起步回左掌，抄手打右进步掌，右手免里，左手串袖，双手抓筋，倒左斜步，打右迎面锤，倒地左腿钓（勾）[一]挂，佃（垫）步上斜步掌，佃（垫）步左歪身抱，左抽串肱，转身右单抢跪，右钻锤，回身左钻锤，右手扶地支剪架，左骨寸腿，右免打，起步回左掌，封手跳步立肘，抄手打右进步掌，上步出左掌摔马家店，拧起左踩子脚，抄手打右进步掌，右手戗右手免打，右手扶地支剪架，左屑腿，掠步回身出右掌，倒地左腿擒，转身右屑腿，右带捎，转身左屑腿，左带捎，左崩腿，右腿封半空转身，左辰钓月，左崩腿，左腿掠步回右掌，左手戗，右手免打，放剪，左骨寸腿，左免打，回右掌。

〔一〕钓，据文义，应为『勾』字之误。

十字披

拖鞭式，打中门，捽回，顿右步，打十字，偷左腿打中门，回身揭海，偷左腿打中门，转身打中门，上右步偷左腿，打中门，转身打中门，顿左步打十字，左步揭海，上右步，外门打手，顿骑马式，捽回，⿰扌造裆打中门，转身打中门，偷左腿打中门，下左腿打浮门，拖左腿回身，左步揭海，跳步打浮门，佃（垫）步打底门，拳右腿揭海，落右步打浮门，下左腿打十字，下右腿打十字，下左腿打十字，转身上右步，招浮门，骑马式打底门，收右腿抱式。

酒醉八仙

拖鞭式，上右步平打，揭海，直打，上斜步，外门打手，凿步招底，酒醉打底门，顿骑马式，朝中门，闪身错筋，下左腿，回身打浮门，⿰扌造裆，朝底门，转身，抚鞭式，上步打浮门，揭海，酒醉打底门，⿰扌造裆，招底门〔一〕，顿骑马式，打中门，合左步打中门，上右步，打浮门，偷左腿，打底门，上斜步，外门打手。

马前六刀

托月，⿰扌雪栋，报（抱）〔二〕头，搜筋，外排，⿰扌雪栋，莫秋，搜筋。

〔一〕招底门，上文为『朝底门』。

〔二〕报，据文义，应为『抱』字之误。后同。

七步刀

抱刀式，招浮门，创刀，上右步顶带，上左步使钻，上右步招浮门，拳右腿打底门，落步斫浮门，创刀跳步，斫浮门，创刀上左步，斫浮门，创刀上右步，斫浮门。

马前六刀

上步扎刀，托月，拦马，提叶，莫秋，随风扫叶，上朋（捧）〔一〕刀进步，退步白鹤亮翅，夜人（叉）〔二〕探海，报（抱）头，番刀，⿰扌雪栋，山后藏锋，斩脘，莫秋，扎刀，莫秋，地里插针，扫地风，报（抱）头，外排，搜筋，托月，⿰扌雪栋，山后藏锋，斩脘，莫秋，扎刀，随风扫叶，过门扎刀，随风扫叶，下朋（捧）刀，搜筋，托月，⿰扌雪栋，山后藏锋，斩脘，莫秋，扎刀，随风扫叶，上朋（捧）刀，搜筋，托月，⿰扌雪栋，山后藏锋，斩脘，莫秋，扎刀，莫秋，吊玉，下托月，⿰扌雪栋，莫秋，拖扎刀，左转林，右转林。

梅花刀

抱刀式招中门，拳腿招底门，骑马式招底门，出右步举刀，上步斫浮门，转身一划，拳腿招底门，小骑马式招底，出左步招浮门，斫中门，回身斫中门，转跳步，骑马式招底，出右步举刀，左山披，

〔一〕朋，据文义，疑为『捧』字之误。后同。
〔二〕人，据文义，应为『叉』字之误。

右山披，转身抗刀式，上右步划底门，偷左腿，上右步，封刀，偷左腿，进右步，封刀，抱刀，双封刀，跳步，上步斫浮门，拖左腿，转身划刀，回身斫中门，上左腿，封刀，转身，出左掌，回身招浮门，上右步，骑马式，斫底门，收步抱，出右步，转身临，骑马式招底门，出右步，举刀式。

山后藏锋

抱刀式，出左步□〔一〕刀，上右步平斫中门，骑马式，招阑马，骑马式，斫阑马，起步招浮门，创刀跳步，斫中门，下左腿，骑马式招底，下右腿，闪身招中门，上右腿斫中门，下右腿，骑马式招底，下左步，招浮门，较刀，下右步，招浮门，较刀，下右步，招浮门，较刀，□刀，右步斫中门，拳右腿招底，落右步斫浮门，招浮门创刀，颠步斫中门，上右步斫曲肱，招浮门创刀，偷腿斫浮门，收步招中门。

六路喜鹊登枝刀

东作喜鹊登枝，西劈心一刀，东侧身进步扎心，西撩手，东手一张，西劈头一刀，东进步截肘，西缩身斫退，东退腿砍项，西败走，东进步扎胁，西□〔二〕扎胁，东缩刀败走，西劈头一刀，东放步斫。

〔一〕□，此字难以识别，待考。后同。

〔二〕□，此字难以识别，待考。

刀法

劈头一刀进步拦手砍头，劈肩一刀一登截肘，劈心一刀退步截手，劈面一刀进步拦手取项，截肘一刀吊刀砍腿败走，劈头一刀进步小身砍肘。

头路七星刀

西劈头一刀，东截肘，西肘一张，东律刀败走作势，西赶去砍头，东截肘，西一张，东砍头，西横刀割项，东跪右腿截肘，西一张败走作金刀出鞘势，东横刀砍腰，东侧身，西砍腹，东截肘，西一张，东扎刀，西撩手，东律肘，西一张扎腰，东截肘。

二路举鼎刀

东小势抗刀，西砍头，东进步截肘，西一张，东割头，西跪右腿截肘，东律肘，西一张，东败走作霸王举丁（鼎）〔一〕势，西砍头，东掤肘砍头，东拿手，东往西走西往东走作小势，西砍头，东进步截肘，东一张，东乘势扎心，西弓腰，东横刀砍腰，西跳步砍手，东败走作举丁（鼎）势，西砍头，东截肘，西手一吊，东砍头，西撩手，西一张，东扎心，西撩手，东一张放刀。

〔一〕丁，据文义，应为『鼎』字之误。后同。

三路黑虎滔（掏）〔一〕心刀

西劈头一刀，东左进身截肘，西肘一吊，东扎心，西身手一侧截肘，东刀剐肘败走，西赶上劈头一刀，东右进身截肘，西退步一收。

四路刷（剐）〔二〕手翻江

西斫手，东进步捧肘，西手一张，东斫腰，西退右步砍手，东败走，西赶上砍右腿，东提腿砍肘，西退步收刀，东进右步砍膊，西放步截肘，东进步砍肘，西收刀。

五路牵羊刀

西劈头一刀，东进步割项，西一截，东顺手割腹，西一截，东拿扎胁，西□肘【挝刀进步扎腹】，东败走【反身伸手割项】，西接手扎胁，东顿刀砍手，西放手退步收刀。

〔一〕滔，据文义，应为『掏』字之误。

〔二〕刷，此字难以识别，据文义，疑为『剐』字之误。

廿八宿硬棍着

提要

廿八宿硬棍着，一册，抄本，共二十七页，刘公桓捐献。武术征集活动『三献』申报表所记及中国武术研究院院藏书名均为廿四硬棍着法，然此抄本原封面题有『廿八宿硬棍着，嶅山题签』字样，正文『第一门』后又题署『二十八宿硬棍着第一门』。据此，此谱书名应为廿八宿硬棍着。据扉页『甲午夏』所书此册『遗存至今百余年矣』一语，此谱大约成于清中期。其现藏于中国武术研究院，院藏编号为G852.25-15。

此谱主要内容包括二十八宿硬棍着第一门至第十四门、开棍着、提水枪、应棍着、棍法总穴第一起至第十二起、棍法应用中平枪、铁山靠、拨绽抱棍、大提、抱棍内外翻抽并韰腕拨打、提腕内外换手、迎面抱棍左右换手压提、抱棍内反摆、阴棍、长棍、改齐心四法、右阴左阳第一抱、第三棍等。二十八宿硬棍着第一门至第十四门、棍法总穴第一起至第十二起两则内容记载详尽。值得注意的是，谱中棍法有时用枪名，反映了前代棍中带枪的技艺特点。

我国古人将黄道附近的星宿划分为二十八组，分别代表日月星辰在天空中的位置，称作『二十八宿』，并以此作为观测天象的参照物。东、南、西、北四方各七宿，东方苍龙七宿是角、亢、氐、房、心、尾、箕；南方朱雀七宿是井、鬼、柳、星、张、翼、轸；西方白虎七宿是奎、娄、胃、昴、毕、觜、参；北方玄武七宿是斗、牛、女、虚、危、室、壁。但谱中内容并非二十八则，也没有与二十八宿相关的招式名称。

廿八宿硬棍着影印

廿八宿硬棍着

義山题

此冊昭和世考自余舅父遺存年至々百餘年矣余行年七十時在古甲午夏重訂識之

第一門　二十八宿破棍前第一門

第一先出中平鎗進右步手　第二乙收回勒棍收右步手　第三向前忙挑腕進右步手

第四擺身迎壓右進右步　連壓纏迎出尾鎗　第五擺身向左捲進右步

第六擺身後右捲進左　第七隨捲左衝鎗縮右步　第八轉身纏條打旋進右步

第九右搬連大提退右步　第十下身後條打進右　十一擺身右仍搬右翻交　十二連擺抱打左　十三起身纏抱打進右　十四向左後打提進右　十五向右後抱膈縮左　十六一纏出尾鎗進左

第二門

第一須用右偷鎗黏左 第二轉身圈條打旋進左步 第三起身連抱打
第四圈抱尾偷鎗黏右 第五隨棒連抱打 第六擺身右順打提自頭過 第
七摩右仍抱打滴右

第三左小门

第一圈摩仍抱打進左滴右 第二圈抱尾偷鎗黏右 第三隨棒仍抱打 第
四擺身右順打提自頭過 第五摩右復抱打滴右

第四右小门手步俱仝前

第五後小门

第一圈隔出中平提自頭過黏左進右 第二擺身左抱打直進左步 第三圈抱前出鎗右

前進後翅交 第四擺身尾剎蛇

第六门

第一起身左右擺騎左進右 第二擺 前出艙 第三隨棟用勒棍叔右 第四向
前後挑腕進右 第五擺身扭豎進左 建豎控扭出尾艙 第六下身建拖打
第七起控滾挑腕進右 第八擺身左尾艙 第九擺身用條打進左 第十浣
右還順打提進右 十一隨打左右擺騎左進右 十二擺畢出一艙 十三両擺仍出艙步全
十四擺身左大提進左 十五隨提後右提

第七门

第一矯身扭瘮左隨瘮控扭尾銜艙進前步騎右 第二擺身左順打 第三

向右左風摩滑右第四向左扭風摩進右第五挫扭左大棍進左

第八門

第一穩身左單打棍目滑过下身進左第二起身抱隔左隨隔向前連挫打進右第三右隔仍抱打滑右第四挫抱前大棍進右第五下身連條打進步第六向前起出艙

第九門

第一擺身抱打左第二起身連大棍第三左隔連順打進右滑左第四擺身抱打左第五起身仍隔打步合上第六擺身後打左第七挫抱尾出艙滑右第八隨捶扭洗左棍右腿旋印轉身挫洗右棍右第九隨洗右條打第十左右連兩擺十一隨擺右出艙滑左十二曳棍走坐勢進左交右

第十門

第一向左出中平（進左右步）第二下身連抱打（退右）第三起蹬右大提（進右）第四隨提條打下第五起身前出鎗（收左）第六向前仍左提（進右）第七隨提仍條打第八起身復出鎗（收右）

第十一門

第一抱打連洗左隨即擺身蹬洗右（退右）隨洗即用右大提　第二左陽條打下（進右）第三起身連大提　第四下身仍條打　第五起身前出鎗（收左）第六右撇仍前提第七隨提右豎腕　一豎忙走移左提（左步奔前轉身右步後退）

第十二門

第一用前右一隔進右 第二退身用尾打進左粘右 第三隨打連抱打第四擺抱打前第五擺身綻打後 第六接身尾打下進左 第七隨打仍抱打粘右 第八擺身右順打招目頭过

第十三門

第一接身右大提進右 第二向前左挑腕進左 第三隨挑連出槍身從倒 第四向右左一摩提進左 第五擺身抱大右進右 第六隨抱左一隔 第七擺身條打右溜右 第八向前陽連打進右左 第九右尾向左掃 第十倒身用脫靴粘右 十一左搬右進槍擺身進右 十二向右仍陽打進右 十三右尾仍左掃 十四倒身仍脫靴粘右 十五向後擺尾出走兩步 十六接身抱打進右 十七起身綻大提進左 十八隨提連條打進一步

十九起身左出鎗 二十倒身仍脱靴 二十一擺尾須急出走左步下仝 二十二揺身左條打旋進左下仝 二十三起身急大提 二四隨提條打下 二五隨打再出鎗 二六倒身仍脱靴緺右 二七仍用擺尾出 二八揺身仍條打 二九擺身右條鎗緺進右 三十擺身纏條打進左 三一倒身仍脱靴步仝上 三二仍用擺尾出步仝上 三三移身後條打步仝上 三四擺身尾隔打洩左 三五隔右連抱打進左 三六纏抱前大提前右 三七揺身右條鎗 三八一纏右順打 三九隨打後抱打 四十纏抱尾挑腕進左

第十四門

第一揺身左前柵 第二進步再右柵 第三洩提向後揺進右旋印揺身仍抱槍下步 第四起身用反擺進右 第五一纏右條打進步 第六起身前出鎗 第七

擺身左後捵進步第八单右左右打催步第九打畢後順打進左第十隨打右大提進右十一下身用條打 十二捺身前大提

硬棍對打便習

開棍着

右手從左去打肩○忙進左步用大提○一畏左步去提肩○隨進右步拭棍剔○擺身向右用風摩○旋向左擺順打腿○隨打進右抱打背○右手翻上左大提○左打胸部進左步○捺身走步伏偷搶○急用大捺條打下○速進右步去大提○速右抱月還打臂○捺身单打走坐撥○後捺進右伏命心○左打右畏跌抱打○起身撐抱用風摩○轉進左步還命心○下身一跌用剔蛇○起身進步趕抱打○隨打撐抱連打腕○即進右步急云偏○一畏右步左单捵○左擺用

左忙挑腕〇一進右步还大提〇左陽進右去打腿〇復進左步抱打腕〇滔手減左打
还椿〇減右單打走尖𨇨〇还須起身忙拖腕〇豬減左步去打腕〇進左一隔急鑽
喉〇滔手滔左閃風摩〇旋減右步進齊心〇翻手一隔滔手打〇隔打肘前須進步〇

提水鎗

一滔右步紐刷下〇急進右步、去大提〇減右下身反擺打〇減左忙用滔手打〇進右
一双閃紐打〇滔左進右滔手打〇滔手單打須急出〇一減右步忙抱〇打〇还須纏抱
急提腕〇擺身滔左順打去〇滔手進右復打前〇忙減右步左順打〇隨隔進右
还打頸〇滔手滔步閃風摩〇还進左步急抱打〇復進左步抱打面〇忙須纏
抱銀打腕〇打腿滔步單打前〇須还進步去大提〇

應棍首

抱月進左右打去。滾左縮手進奔心。縮手縮步旋風磨。忙滾左步右打腕。还進左步伏抱月。擺身隨手用抱隔。縮手滾左去提腕。一進左步順打背。下身滾右條刷下。起身左拖右順打。順打時節進右步。向後一擦鑽棍走。二進左步抱月打。忙縮右步仍抱隔。纏抱進去須打歸。縮右進步用抱打。纏抱風磨走坐勢。轉身右隔縮左步。隨進右步左奔心。右手一提去打首。擺身一隔走坐勢。轉身進步用剔打。縮右倒身旋風磨。起身左手伏拖法。左隔進右仍右打。縮手走步用除鎗。滾右下身还抱打。滾左纏抱去剔腕。進左一踊進奔心。下身抱月急打腔。起身進右縮手打。还須進左去大提。滾縮右步用抱打〇浅左縮手急提腕〇陽進左还打頸〇还浅左步去挑〇腕〇擺身斜打走坐勢〇進右步扭打頭〇还縮右步扭纏打〇右步再縮時下提〇收右藏身縮手打〇浅右下身後順打〇擺身進右縮手打〇縮右下身拭捉打〇急進右步陽連提〇还縮右步陽抱打〇轉身縮手徐鎗走〇轉身進步須急陽〇一縮右步忙抱打〇下身再縮抱打腿〇浅左縮手去提腕〇轉身進步去鎖喉〇擺身浅右須打頸〇急用走步須打腿〇轉身進步陽抱打〇还須隨手抱陽〇

棍法總穴第一起

右陰左陽第一抱〇（進左步）左陰右陽第二抱〇（進右步）第三換右用擺尾〇（進右步）右陰左陽第四抱〇第五換左右尾挑〇（進右步）六換左右向右提〇（縮右步　進左步）右手擺第七盤腕〇（進右步）換右

壓左八反擺○更跳左步換右壓前九出鎗○收退左步右陰左陽十徐鎗○轉身左向縮退右步十一換右搖打後○右步退後十二右滚出一鎗○進右步十三左滚再出鎗○進左步十四連抱出徐鎗○十五換左抱打左○十六換左移洗提○左步提進

第二起者全前手步法俱左用只缺左陰右陽第二抱

第三起

右陰左陽一反擺○縮左步二用擺身原抱打○進左步換右攪尾三反擺○四用擺身原抱打○進右步五用纏抱依徐鎗○旋大移身揀連提○右步旋進左陰右陽六抱打○七用換右平提腕○縮右步進左步八用長提右陽打○連進步九仍長提左陽打○進右步十用纏抱出滚鎗○進左步

第四起

搖身第一依抱打○第二纏抱出尾鎗○第三擺身用大提○進左步第四擺身右壓

腕○（進右步）隨壓連抱第七打○換右壓第六翻打○○連一次○（俱用催步）○第八換右用擺尾○

（進左步）右陰左陽九抱打○換左反擺第十打○（左擺身進踏左步）十一換左用大提○（進右步仍向左）

第五起

一收右手左出鎗○（進左步）右陰左陽二抱打○○連翻二次○（俱用催步）第六換左用擺尾○

（進右步）左陰右陽七抱打○

第六起

換左轉身一出鎗○（那左步）右陰左陽二抱打○○連翻一次○（用催步）換左擺第七反擺○

六用長棍左陽打○（換左進右步）七仍長棍右陽打○（進左步）八用纏抱出滾鎗○（進右步）

第七起

第一擺身用抱打○第二換左前出鎗○右脚扶提三左靠○擺上 進右 隨即插步 用左靠○左步 點

四仍右挟先左靠○上 步同 隨即踏步用右靠○上 踏同 五仍右挟先左靠○擺身後向連抱打○

右步 後退 換左向左六出鎗○同僕 步

第八起着同前手步法俱用左

第九起

左陰右陽第一抱○擺身向前二陰打○擺身向後三出鎗○擺身向前四陰打○

進右步 下身 起身後擺五出鎗○出鎗畢脚連抱打○轉身換右六大提○進左 步 擺身換左

七飄打○進右 步 第八換右前出鎗○第九向前仍大提○進左 步 隨一抱擺身十條鎗○左步 右腳 擺身

換左十一按○進右 步 左手攔前十二翻○連一 次

第十起轉身換左一大提 進右 步 自大提至連翻同前手步俱用左

第十一起

換右撥尾仍一抱○（擺身向前）第二擺身用尾打○（進左步）換左撥尾第三抱○第四擺身南尾打○（進右步）換右撥尾第五抱打○第六經抱用反擺○（催跳左步）向前一經七條打○（進右步下身）第八起身出一槍○

第十二起

左陰右陽轉身抱○第二經抱尾出槍○（催進右步）第三擺身左出槍○（進右步）隨轉搬前四反擺○（貞那左步）第五經抱用順打○（花那左步）第六隨打連抱打○第七經抱滾出槍○（進右步）擺身向右八抱打○（進右步）第九換左出一槍○（面壁）第十擺身前大提○（進右步）十一隨提連抱打○十二經抱出尾槍○轉右邊出十三槍○（進右步）十四向右用抱打○十五換右仍抱打○（擺身進左步）

十六換右撥尾出○（用催家退）十七隨出伏徐鎗○

棍法應用中平鎗

人伏中平來○次進名心○人必勒棍收右滾須趕捺○人那右進左陽抱右打○次滾右收打捺○人換左滾左用尾挑腕○須換左蹈左倒身剔肘捺○人換右那右進左大提肘○次滾右用左提捺○人滾左步右壓腕捺○須下身抱打腕捺○人丕抱下身打來○次抱撥○人起身纏抱用尾出鎗○須起身纏抱用尾挑腕捺○人收提右滾右尾挑腕○次躲身伏反擺○鎗已挑剔○名換左反擺○人換左進右陽收打○次纏抱前蹈右進名心去○

人伏中平來○次進名心○人必勒棍收右滾次趕捺○人那左進右陽抱左打○次

那右進左大棍○人換右滾右尾打腕捧○次換右用抱飄打○人縮進左用纏條進右心○次換左縮左下身棍捧○人攙右順打腕捧○須起身進左換右用抱飄打○人那左進右左手目下翻上用抱打○須攙左控抱尾打去○

鐵山靠

人依中平來○須進左抱打○人攙右順打○須換左縮左墊腕捧○人滾左順打肩○須滾左右挑腕捧○人脱右左進抱打腕○須縮左用右崩○人換左滾左尾打捧○須進右仍右崩○人滾左倒身依脱靴○須進左用尾跟打腕捧○或崩時人合滾右依脱靴○須滾右墊腕○

撥綻抱棍

家用抱右打去○必進右抱左打來○家換右腿尾進步出○或換右進左用尾跟打來○

家縮右換左下身抱打○或換左用前跟揉來○家擺身進右換左飄打○

大提

家使大提人壓腕○或用飄打○人必進右左摩右提揉○家須換左洩右仍打腕揉○

人必下抱打來○家仍下身迅抱打○或換左下身用條打○人右下身抱打○或換右縮左藏身反擺○

抱棍內外翻捆並壓腕撥打

人用中平來須進步抱打揉人右縮步翻抱打揉俱連翻或用抱打去人縮步抱打內須纏捆用尾抱打揉人用中平來須進步抱打揉人必縮步翻抱打

須縮步下身，挖壓人必脫，右用尾翻打，須起身，原挖銀挑腕，或用半平來，須進步挖打，人必縮步，翻挖打，須進步，倒身換左上撥下剔打棒。

提腕內外換手

人來右提腕，須脫上外剔腕棒；人來左剔腕，須脫上內提腕棒，或脫拳各為二棒，俱可用反擺改。

迎面挖棍左右換手壓提

人用半平來，須進步挖打，人必洩右進，急忙須扭身換左壓腕棒，人必洩步，順打，須洩步擺身換左下剔棒，或縮進步連勾腕棒，各為一。

挖棍內反擺

人用半平來須進步挖打人必進步翻挖來須下身換右撥尾出人必抹挖尾抹須起身換左滾步剔腕抹人必蹈步用反撲隔抹須進步隔挖打抹人必撲身換右挖打抹須下身翻挖打抹

陰棍

人用半平來須進步挖打人撲身進步用怒心須滾步用挖尾打人撲右滾左大提須滾步換右剔腕人倒身蹈步換右反撲剔抹須倒身進步仍反撲人換右進步拭撲大提須架挖滾步撲打抹

長棍

人用中平來須進步用右剔腕抹人撲身滾步換右仍剔來須脫右進左大提人

過步扭打須下身仍扭打人蹈步倒身從扭隔打須扭身翻挖打人進後步挖打須蹈步翻打

改齊心四法

人進齊心來須換左蹈步倒身反擺捧人又蹈步藏身落反擺捧次蹈進步挖法齊心人換右下身拭提豎腕須換右進步大提或孰打之步

人進齊心須用齊法人又用齊法須又用齊法人若或擺身淺步用挖尾打須換右淺步尾打出

人進齊心須用齊法人或蹈步藏身落反擺捧須換左進步拭棍大提

人進齊心須用齊法人脫手直步大提須擺身淺步挖豎腕人擺身進步

抢亂須蹈步目下翻上換右大捉人便步換右反摆劄腕須換右進步捉时人換左纽身壓腕圈腕左進步用抢打人忽退抢打須落身承抢上挑

右陰左陽第一抢

人若向内纽打来捉目下翻上那右換左次条心或目下翻上蹈左換左右尾劄換或用翻打或目下翻上那左進右纏抢滚打或換右樓尾陽捉退出或換左蹈步大捉或用摆身便步纏窜腕或目下翻上那左進右用尾劄打換

人若向内单打来須纏抢用尾下捉腕換或纏抢用尾上打腕換或便蹈左步換左用反摆劄腕換或目下翻上那左進右用尾劄腕換或目下翻上

那左進右換左右尾剔腕捒或用翻打連抹身縮步倥挽尾打捒或目下

翻上連躍進步換左右尾探囊或目下翻上那左進右換左右全提時或倥

挽那左進右〻提時或倥挽滅右下身用偷鎗或換右換左拭棍刷手或

倥挽滅左右順打手或倥挽滅左下身剔腕捒」或用換右縮步〻步大逞（此着在內外俱打內用）

或用泉挽縮步隨望腕」（此着在外俱打內用）或換左右滅縮步用條打（此着在內外俱單打內俱用）

人若向外俱打未須進右換左用尾打捒或用翻打或目下翻上向左一瀉〻進右

換左用尾剔捒或換左縮右用尾挽捒

人若目外單打未須換左縮進左佚名心或縮左用挽尾剔腕捒或滅左

換左用尾上打腕捒或換左滅左那右用尾剔腕捒或進右用挽尾撥棍

連滅右換右下身絛打腕連進右用挖跧捏腕捺或用翻打

人若蹈左用風擺須進步挖尾剔或直左換左勾腕捺或那左

蹈右換左反剔或攦身滅左用左手帶磨出

人若蹈右用風擺須蹈進左換左勾腕或攦身滅左換左用尾剔

打或用大提

人若向上用鵝來須進右換左挖陽用反攦剔捺或蹈進左步換左用

尾剔或那左進右換左蹬進急心

人若向下用鏡來高須攦身進右換左用尾、陽或那左進右換左用尾

剔或攦身換左單打出低須那左進右換左用急陽

第三棍

人若向前撥來須目下翻上撥挨若向後撥來仍目下翻上撥挨若向前打來須縮步用尾撥前棍时改法用勾棍

共计十二章

廿八宿硬棍着校释

廿八宿硬棍着

莪山〔一〕题签

此册始初无考，自余舅父遗存，至今百余年矣。余行年七十，时在古〔二〕甲午〔三〕夏重订识之。

第一门　二十八宿硬棍着第一门

第一先出中平枪【进右步手】；第二乙（亦）〔四〕收用勒棍【收右步手】；第三向前忙挑腕【进右步手】；第四摆身纽壑右【进右步】，连壑绽纽出尾枪；第五摆身向左卷【进右步】；第六摆身复右卷【进左】；第七随卷左偷枪【韬右步】；第八转身绽条打【旋进右步】；第九右搬连大提【泄〔五〕右步】；第十下身复条打【进右】；十一摆身右仍搬【右前交】；十二连摆抱打左；十三起身绽抱打

〔一〕莪山，应为题签者的字号。
〔二〕古，文中指农历。
〔三〕甲午，按照干支纪年法，公元一八九四年、一九五四年、二〇一四年为甲午年，因武术征集活动『三献』申报表中有一九八六年省体委的推荐意见，故此『甲午』当为一九五四年。
〔四〕乙，据文义，似为『亦』字之误。
〔五〕泄，有泄出、泄步之意。后同。

【进右】；十四向左复打提【进右】；十五向右复抱膈【韬左】；十六一绽出尾枪【进左】。

第二门

第一须用右偷枪【韬左】；第二转身绽条打【旋进左步】；第三起身连抱打；第四绽抱尾偷枪【韬右】；第五随插连抱打；第六摆身右顺打【棍自头过】；第七瘳〔一〕右仍抱打【泄右】。

第三左小门

第一绽瘳仍抱打【进左泄右】；第二绽抱尾偷枪【韬右】；第三随插仍抱打；第四摆身右顺打【棍自头过】；第五瘳右复抱打【泄右】。

第四右小门

手步俱仝（同）〔二〕前。

〔一〕瘳，有病愈之意。在本文中，此意不通，似为其他字的替代字。后同。
〔二〕仝，据文义，当作『同』字。后同。

第五后小门

第一绽隔（格）〔一〕出中平【棍自头过，韬左进右】；第二摆身左抱打【页（亦）〔二〕进左步】；第三绽抱前出枪【右前进，复旋交】；第四摆身尾剥蛇。

第六门

第一起身左右摆【韬左进右】；第二摆前出枪；第三随插用勒棍【收右】；第四向前复挑腕【进右】；第五摆身纽錾右【进左】，连錾绽纽出尾枪；第六下身连抱打；第七起绽滚挑腕【进右】；第八摆身左尾枪；第九摆身用条打【进左】；第十洗右还顺打【棍进右】；十一随打左右摆【韬左进右】；十二摆毕出一枪；十三两摆仍出枪【步仝（同）】；十四摆身左大提【进左】；十五随提复右提。

第七门

第一转身纽瘳，左随瘳绽纽尾偷枪【进前步，韬右】；第二摆身左顺打；第三向右左风摩【泄右】；第四向左纽风摩【进右】；第五绽纽左大提【进左】。

〔一〕隔，有隔开之意，也即棍法中的『格打』。后同。

〔二〕页，据文义，应为『亦』字之误。后同。

第八门

第一转身左单打【棍目（自）〔一〕头过，下身进左】；第二起身抱隔（格）左，随隔（格）向前连绽打【进右】；第三右隔（格）仍抱打【泄右】；第四绽抱前大提【进右】；第五下身连条打【进步】；第六向前起出枪。

第九门

第一摆身抱打左；第二起身连大提；第三左隔（格）连顺打【进右韬左】；第四摆身抱打左；第五起身仍隔（格）打【步仝（同）上】；第六摆身复打左；第七绽抱尾出枪【韬右】；第八随插纽洗左【提右腿】，旋即转身绽洗右【提右】；第九随洗右条打；第十左右连两摆；十一随摆右出枪【韬左】；十二曳棍走坐势【进左交右】。

第十门

第一向左出中平【进左右步】；第二下身连抱打【泄右】；第三起绽右大提【进右】；第四随提条打下；第五起身前出枪【收左】；第六向前仍左提【进右】；第七随提仍条打；第八起身复出枪【收右】。

〔一〕目，据文义，应为『自』字之误。后同。

第十一门

第一抱打连洗左，随即摆身绽洗右【泄右】，随洗即用右大提；第二左隔（格）条打下【进右】；第三起身连大提；第四下身仍条打；第五起身前出枪【收左】；第六右搬仍前提；第七随提右蹔腕，一蹔忙走转左提【左步奔前，转身右步后泄】。

第十二门

第一用前右一隔（格）【进右】；第二退身用尾打【进左韬右】；第三随打连抱打；第四摆抱打前；第五摆身绽打后；第六转身尾打下【进左】；第七随打仍抱打【韬右】；第八摆身右顺打【棍目（自）头过】。

第十三门

第一转身右大提【进右】；第二向前左挑腕【进左】；第三随挑连出枪【身后倒】；第四向右左一瘳【提进左】；第五摆身抱大右【进右】；第六随抱左一隔（格）；第七摆身条打右【泄右】；第八向前隔（格）连打【进右左】；第九右尾向左扫；第十倒身用脱靴【韬右】；十一左搬右进枪【摆身进右】；十二向右仍隔（格）打【进右】；十三右尾仍左扫；十四倒身仍脱靴【韬右】；十五向后摆尾出【走两步】；十六转身抱打右【进右】；十七起身绽大提【进左】；十八随提连条打【进一步】；

十九起身左出枪；二十倒身仍脱靴；二十一摆尾须急出【走右步，下仝（同）】；二十二转身左条打【旋进左，下仝（同）】；二十三起身急大提；二[十]〔一〕四随提条打下；二[十]五随打再出枪；二[十]六倒身仍脱靴【韬右】；二[十]七仍用摆尾出；二[十]八转身仍条打；二[十]九摆身右徐枪【韬进右】；三十摆身绽条打【进左】；三[十]一倒身仍脱靴【步仝（同）上】；三[十]二仍用摆尾出【步仝（同）上】；三[十]三转身复条打【步仝（同）上】；三[十]四摆身尾隔（格）打【泄左】；三[十]五隔（格）右连抱打【进左】；三[十]六绽抱前大提【前右】；三[十]七藉身右徐枪；三[十]八一绽右顺打；三[十]九随打复抱打；四十绽抱尾挑腕【进左】。

第十四门

第一转身左前栅〔二〕；第二进步再右栅；第三泄棍向后转【进右】，旋即转身仍抱插【下身】；第四起身用反摆【进右】；第五一绽右条打【进步】；第六起身前出枪；第七摆身左后插【进步】；第八单右左右打【催步】；第九打毕复顺打【进左】；第十随打右大提【进右】；十一下身用条打；十二转身前大提。

硬棍对打便习。

〔一〕十，据文义所补。后同。

〔二〕栅，用竹、木、铁条等做成的阻拦物，如『栅栏』，文中为『拦』之意。

开棍着

右手从左去打肩，忙进左步用大提。一曳左步去提肩，随进右步拭棍剔。摆身向右用风摩，旋向左摆顺打腿。随打进右抱打首，右手翻上左大提。左打肘节进左步，转身走步使偷枪。急用大转条打下，连进右步去大提。泄右抱月还打臂，转身单打走坐势。复转进右使齐心，左打右曳跌抱打。起身绽抱用风摩，转进左步还齐心。下身一跌用剥蛇，起身进步赶抱打。随打绽抱连打腕，即进右步急云隔（格）。一泄右步左单插，左摆用左忙挑腕。一进右步逐大提，左隔（格）进右去打腿。复进左步抱打腕，蹈（韬）[一]手泄左打还插。泄右单打走坐势，还须起身忙挑腕。转泄左步去打腕，进左一隔（格）急锁喉。蹈（韬）手蹈（韬）左用风摩，旋泄右步进齐心。翻手一隔（格）蹈（韬）手打，隔（格）打肘节须进步。

提水枪

一蹈（韬）右步纽刷下，急进右步去大提。泄右下身反摆打，泄左忙用蹈（韬）手打。

〔一〕蹈，据文义，应为『韬』字之误，有隐藏之意。后同。

进右一收用纽（扭）[一]打，韬左进右蹈（韬）手打。蹈（韬）手单打须急出，一泄右步忙抱打。

还须绽抱急提腕，摆身蹈（韬）左顺打去。蹈（韬）手进右复打首，忙泄右步左顺打。

随隔（格）进右还打颈，蹈（韬）手蹈（韬）步用风摩。还进左步急抱打，复进左步抱打面。

忙须绽抱跟打腕，打腿蹈（韬）步单打首，须还进步去大提。

应棍着

抱月进左右打去，泄左蹈（韬）手进齐心。蹈（韬）手蹈（韬）步旋风摩，忙泄左步右打腕。

还进左步使抱月，摆身随手用抱隔（格）。蹈（韬）手泄左去提腕，一进左步顺打臂。

下身泄右条刷下，起身左挑右顺打。顺打肘节进右步，向后一拨钻棍走，二进左步抱月打。

忙蹈（韬）右步仍抱隔（格），绽抱进去须打臂。蹈（韬）进右步用抱打，绽抱风摩走坐势。

转身右隔（格）韬左步，随进右步左齐心。右手一提去打首，摆身一隔（格）走坐势。

转身进步用剔打，蹈（韬）右倒身旋风摩。起身左手使挑法，左隔（格）进右仍右打。

蹈（韬）手走步用徐枪，泄右下身还抱打。泄左绽抱去剔腕，进左一锁进齐心。

下身抱月急打胫[二]，起身进右蹈（韬）手打。还须进左去大提，泄蹈（韬）右步用抱打。

〔一〕纽，据文义，似为『扭』字之误。后同。

〔二〕胫，小腿。

泄左蹈（韬）手急提腕，一隔（格）进左还打颈。还泄左步去挑腕，摆身单打走坐势。

一进右步纽（扭）打头，还蹈（韬）右步纽绽打。右步再蹈（韬）肘下提，收右藉身蹈（韬）手打。

泄右下身复顺打，摆身进右蹈（韬）手打。蹈（韬）右下身拭棍打，急进右步隔（格）连提。

还蹈（韬）右步隔（格）抱打，转身蹈（韬）手徐枪走。转身进步须急隔（格），一蹈（韬）右步忙抱打。

下身再蹈（韬）抱打腿，泄左蹈（韬）手去提腕。转身进步去锁喉，摆身泄右须打颈。

急用走步须打腿，转身进步隔（格）抱打，还须随手抱隔（格）。

棍法总穴第一起

右阴左阳第一抱【进左步】；左阴右阳第二抱【进右步】；第三换右用摆尾【进左步】；右阴左阳第四抱；第五换左右尾挑【进右步】；六换左右向右提【蹈（韬）右步，进左步】；右手摆前七鐾腕【进右步】；换右压左八反摆【页（亦）蹈（韬）左步】；换右压前九出枪【收进左步】；右阴左阳十徐枪【转身左向，蹈（韬）进右步】；十一换右转打后【右步曳后】；十二右滚出一枪【进右步】；十三左滚再出枪【进左步】；十四连抱出徐枪；十五换左抱打左；十六换左转洗提【左步提进】。

第二起

着仝（同）前，手步法俱左用，只缺左阴右阳第二抱。

第三起

右阴左阳一反摆【蹈（韬）左步】；二用摆身原抱打【进左步】；换右拨尾三反摆；四用摆身原抱打【进右步】；五用绽抱使徐枪，旋大转身插连提【右步旋进】；左阴右阳六抱打；七用换右平提腕【蹈（韬）右步，进左步】；八用长棍右隔（格）打【连进步】；九仍长棍左隔（格）打【进右步】；十用绽抱出滚枪【进左步】。

第四起

转身第一使抱打；第二绽抱出尾枪；第三摆身用大提【进左步】；第四摆身右蹙腕【进右步】；随蹙连抱第五打；换右压前六翻打；连一次【俱用催步】；第八换右用摆尾【进左步】；右阴左阳九抱打；换左反摆第十打【左摆身，曳蹈（韬）左步】；十一换左用大提【进右步，仍向左】。

第五起

一收右手左出枪【进左步】；右阴左阳二抱打；连翻二次【俱用催步】；第六换左用摆尾【进右

步】；左阴右阳七抱打。

第六起

换左转身一出枪【那（挪）[一]左步】；右阴左阳二抱打；连翻一次【用催步】；换左拨前五反摆；六用长棍左隔（格）打【换左进右步】；七仍长棍右隔（格）打【进左步】；八用绽抱出滚枪【进右步】。

第七起

第一摆身用抱打；第二换左前出枪；右肘挟棍三左靠【摆身进右】，随即韬步用左靠【左步韬】；四仍右挟先左靠【步同上】，随即蹈（韬）步用右靠【蹈（韬）同上】；五仍右挟先左靠，摆身后勾连抱打【右步后泄】；换左向左六出枪【用催步】。

第八起

着同前手，步法俱用左。

第九起

左阴右阳第一抱；摆身向前二绽打；摆身向后三出枪；摆身向前四顺打【进右步，下身】；起身后

〔一〕那，据文义，当作『挪』字。后同。

摆五出枪，出枪毕时连抱打；转身换右六大提【进左步】；摆身换左七飘打【进右步】；第八换右前出枪；第九向前仍大提【进左步】；随抱摆身十徐枪【左步右那（挪）】；摆身换左十一转【进右步】；左手搬前十二翻【连一次】。

第十起

转身换左一大提【进右步】。自大提至连翻，同前，手步俱用左。

第十一起

换右拨尾仍一抱【摆身向前】；第二摆身用尾打【进左步】；换左拨尾第三抱；第四摆身用尾打【进右步】；换右拨尾五抱打；第六绽抱用反摆【催蹈（韬）左步】；向前一绽七条打【进右步，下身】；第八起身出一枪。

第十二起

左阴右阳转身抱；第二绽抱尾出枪【催进右步】；第三摆身左出枪【进左步】；随插搬前四反摆【页（亦）那（挪）左步】；第五绽抱用顺打【前那（挪）左步】；第六随打连抱打；第七绽抱滚出枪【进右步】；摆身向右八抱打【进左步】；第九换左出一枪【两蹵】；第十摆身前大提【进右步】；十一

随提连抱打；十二绽抱出尾枪；转右后出十三枪【旋右步】；十四向右用抱打；十五换右仍抱打【摆身进左步】；十六换右拨尾出【用催步退】；十七随出使徐枪。

棍法应用中平枪

人使中平来，须进齐心。人必勒棍收，右泄须赴插。人那（挪）右进左隔（格）抱右打，须泄右顺打插。人换左泄左用尾挑腕，须换左蹈（韬）左倒身剔肘插。人换右那（挪）右进左大提肘，须泄右用左提插。人泄左步右銎腕插，须下身抱打腕插。人还抱下身打来，须提拨。人起身绽抱用尾出枪，须起身绽抱用尾挑腕插。人收提右泄右尾挑腕，须藉身使反摆。枪已挑到，应换左反摆。人换左进右隔（格）顺打，须绽抱前蹈（韬）右进齐心去。

人使中平来，须进齐心。人必勒棍收，右泄须赶插。人那（挪）左进右隔（格）抱左打，须那（挪）右进左大提。人换右泄右尾打腕插，须换右用抱飘打。人蹈（韬）进左用经条进齐心，须换左蹈（韬）左下身提插。人拽右顺打腕插，须起身进左换右用抱飘打。人那（挪）左进右，左手自下翻上用抱打，须拽左绽抱尾打去。

铁山靠

人使中平来，须进左抱打。人拽右顺打，须换左蹈（韬）左銎腕插。人泄左顺打肩，须泄左右挑腕插。人脱右，左进抱打腕，须蹈（韬）左用右靠。人换左泄左尾打插，须进右仍右靠。人泄左倒身，使脱靴须进左，用尾跟打腕插或靠肘。人合泄右使脱靴，须泄右韰腕。

拨绽抱棍

我用抱右打去，必进右抱左打来。我换右摆尾进步出，或换右进左，用尾跟打来。我蹈（韬）右换左，下身抱打；或换左，用前跟插来。我摆身进右，换左飘打。

大提

我使大提人压腕，或用飘打，人必进右左瘳，右提插。我须换左，泄右，仍打腕插，人必下抱打来。我仍下身还抱打，或换左下身用条打。人如下身抱打，或换右蹈（韬）左藉身反摆。

抱棍内外翻抽并韰腕拨打

人用中平来，须进步抱打插。人如蹈（韬）步翻抱打插，俱连翻，或用抱打去。人蹈（韬）步抱打内，须绽抽用尾抱打插。人用中平来，须进步抱打插。人必蹈（韬）步翻抱打，须蹈（韬）步下身抱韰。人必脱右用尾飘打，须起身原抱跟挑腕。或用中平来，须进步抱打。人如蹈（韬）步翻抱打，须进步倒身，换左上拨下剔打插。

提腕内外换手

人来右提腕，须脱上外剔腕插。人来左剔腕，须脱上内提腕插，或脱卷。如要二插，俱要用反摆改。

迎面抱棍左右换手压提

人用中平来，须进步抱打。人必泄右进齐心，须纽（扭）身换左压腕插。人必泄步顺打，须泄步摆身，换左下剔插。或蹈（韬）进步，连勾腕插如要。

抱棍内反摆

人用中平来，须进步抱打。人必进步翻抱来，须下身换右拨尾出。人必插抱尾插，须起身换左泄步剔腕插。人必蹈（韬）步用反摆隔（格）插，须进步隔（格）抱打插。人必摆身换右抱打插，须下身翻抱打插。

阴棍

人用中平来，须进步抱打。人摆身进步用齐心，须泄步用抱尾打。人摆右泄左大提，须泄步换右剔腕。人倒身蹈（韬）步，换右反摆剔插，须倒身进步，仍反摆。人换右进步拭棍大提，须原抱泄步摆打插。

长棍

人用中平来，须进步用右剔腕插。人摆身泄步换右仍剔来，须脱右进左大提。人泄步纽（扭）打，须下身仍纽（扭）打。人蹈（韬）步倒身，绽纽隔（格）打，须纽（扭）身翻抱打。人进后步抱打，须蹈（韬）步翻打。

改齐心四法

人进齐心来，须换左蹈（韬）步，倒身反摆插。人如蹈（韬）步藉身前反摆插，须蹈（韬）进步抱使齐心。人换右下身拭棍鍪腕，须换右进步大提，或飘打如要。

人进齐心，须用前法。人如用前法，须如用前法。人若或摆身泄步，用抱尾打，须换右泄步尾打出。

人进齐心，须用前法。人或蹈（韬）步藉身后反摆插，须换左进步，拭棍大提。

人进齐心，须用前法。人脱手进步大提，须摆身泄步抱鍪腕。人摆身进步抱飘，须蹈（韬）步自下翻上，换右大提。人泄步换右反摆剔腕，须换右进步提肘。人换左纽(扭)身压腕，须脱左进步用抱打。

人如还抱打，须藉身原抱上挑。

右阴左阳第一抱

人若向内纽（扭）打来，棍自下翻上，那（挪）左换左，使齐心。或自下翻上，蹈（韬）左换左右尾剔插。或用翻打。或自下翻上，那（挪）左进右绽抱滚打。或换右拨尾，隔（格）棍退出。或换左蹈（韬）步前大提。或用摆身泄步绽鋆腕。或自下翻上，那（挪）左进右，用尾剔打插。

人若向内单打来，须绽抱用尾下提腕插。或绽抱用尾上打腕插。或泄蹈（韬）左步，换左用反摆剔腕插。或自下翻上，那（挪）左进右，用尾剔腕插。或自下翻上，那（挪）左进右，换左右尾剔腕插。或用翻打连转身蹈（韬）步，绽抱尾打插。或自下翻上连进步，换左右尾探囊。或自下翻上那（挪）左进右，换左右尾提肘。或绽抱，那（挪）左进右右提肘。或绽抱泄右，下身用偷枪。或换右插左，拭棍刷手。或绽抱泄左右顺打手。或绽抱泄左，下身剔腕插。或用换右蹈（韬）步前大提【此着在内外纽（扭）打内用】。或用原抱蹈（韬）步随鋆腕【此着在外纽（扭）打内用】。或换左右泄，蹈（韬）步用条打【此着在内外纽（扭）单打内俱用】。

人若向外纽（扭）打来，须进右换左用尾打插。或用翻打。或自下翻上向左一瘳，进右换左用尾剔插。或换左蹈（韬）右用尾抱插。

人若自外单打来，须换左蹈（韬）进左使齐心。或蹈（韬）左用抱尾剔腕插。或泄左换左，用尾上打腕插。或换左泄左那（挪）右，用尾剔腕插。或进右用抱尾拨棍，连泄右插右，下身条打腕，速进右，用抱枪提腕插，或用翻打。

人若蹈（韬）左用风摩，须进步抱尾剔。或进左换左勾腕插。或那（挪）左蹈（韬）右，换左反剔。或摆身泄左，用左手单瘳出。

人若蹈（韬）右用风摩，须蹈（韬）进左，换左勾腕。或摆身泄左，换左用尾剔打。或用大提。

人若向上用枪来，须进右换左抱隔（格），用反摆剔插。或蹈（韬）进左步，换左用尾剔。或那（挪）左进右，换左拨进齐心。

人若向下用枪来高，须摆身进右，换左用尾隔（格）。或那（挪）左进右，换左用尾剔。或摆身换左，单打出低。须那（挪）左进右，换左用前隔（格）。

第三棍

人若向前拨来，须自下翻上拨插。若向后拨来，仍自下翻上拨插。若向前打来，须蹈（韬）步用尾拨前提肘，改法用勾棍。

【共计十二章】

六合棍

提要

六合棍，一册，抄本，共二十五页，具体抄录时间及捐献地、捐献者情况均不详。此谱现藏于中国武术研究院，院藏编号为G852.23-12。

此谱卷首有山东牟平刘汝芬于道光二十二年（一八四二）所作序文。据序文内容可知，此谱著述者为福山涂山村的于应龙。于应龙『长于骑射，精于刀石，弱冠而入武庠』，且『武而能文』。福山，古为福山县，今为福山区，山东省烟台市所辖。

此谱篇幅不长，篇名『棍』，另有拳法。其内容除序言外，有六合棍论；六合棍谱；分身八肘；拳中有八短；乱接；拳中有十二门；拳中有八打八不打，不打正是打。当然，其核心内容为『福山涂山村于氏祖传棍法』。所记棍法共分六合，每一合均为你来我往的技击性对练，其形式与戚继光纪效新书·长兵短用说篇中记述的『六合』枪法非常相似。谱中的棍法具有枪棍兼用的特点，清楚体现了此谱『六合棍论』开宗明义所云的『枪棍原出一门，长者为枪，短者为棍』。拳法内容中有不少地方为螳螂拳技，这一点值得引起注意。

六合棍影印

六合棍序

嘗謂輕清者上浮重濁者下降天地之對待也寒往則暑來暑往則寒來陰陽之無間也强弗友剛克爕友柔克沉潛剛克高明柔克剛柔之相濟也而治國平天下之道既尚文事又須武備文足以持風俗善教化固宜尊而尚之武足以鎮中華畏外服亦宜學而習之乃昇平日久四海向化

八荒從風而武事廢非惟學校不講而鄉黨閭閻亦不講非惟公卿大夫不講而軍旅卒伍亦不講則仲子刺魚之劍久已沉沙冉子勝齊之矛幾成朽木惜哉福山于君應龍長於騎射精於刀石弱冠而入武庠此亦不必為之縷述而鎗棒之道更屬優為年已七旬而作坐進退之法絲絲入扣發揚蹈厲之氣人人驚奇其應敵也如

風雨之驟至其克敵也如鷹鸇之擊逐其疾也法乎陽剛其徐也本乎陰氣其循環而不已也天行之健也其閃轉而欲避也地道之順也其有時而為虛有時而為實也剛柔斷也其實者而虛之虛者而實之也剛柔相摩也此藝也天地間可少也哉

夫近世能文者不必能武于君武而能文者自著六合棍譜六合棍論以及六合又

法一一述之明如指掌此道塵封於世幾幾無所延求而君乃欲公之同好以貽後學則其心之光明磊落可知則其事之慷慨正直亦可知則其處鄉黨朋友姻婭間更可知矣

道光歲次壬寅中和節牟平鄉劉汝芬敘

六合棍論

鎗棍原出一門長者為鎗短者為棍鎗長利於馬上棍短便於步下棍亦鎗也夫鎗中之勢有進有退有疾有徐有虛有實有虛虛有實實實者虛之虛者實之進則認彼勢之變以取勝否則虛進以誘之以觀其變退則任我之變否則閃轉以觀其空承虛而入而要之認敵之強弱弱則直取

如疾雷不及掩耳强則閃轉一避其鋒視不勝猶勝也虛者為偽進實者為疾取虛則為奸戰以竭其力實實為欺敵以取其勝似實進而虛取者為實者虛之似虛進而實取者為虛者實之學於步下用於馬上其理一也鎗中之勢有撲心刺指串袖頂膝鎖口封膀四平黃龍採爪撲心鎗也直扎敵人之棍刺指串袖鎗也點步偪鎗

鉄棍護門頂膝鎗也摘花献佛為鎖口大亮鎗為封膀黄龍三轉桓侯之鎗回馬鳳凰三點頭羅家之鎗單扎一鎗楊家之鎗也鎗中之法甚多智取旁通隨機應變而已矣若夫棍有大刀勢攬腰勢拖刀勢自上而打下自下而打上自左而打右自右而打左自前而打後者也力劈一棍大刀勢也橫打一棍攬腰棍也劈肩一棍拖刀

勢也崩雜一棍自上而打下單揭双揭自下而打上邪插柳偷步双校左右打也若遇衆敵要識陰陽之明昧察地利之廣狹能進能退勿入衆圍出走以誘敵人之追者回身取勝重重而行之掃堂回馬掃堂打腿也燕子單展翅並手雙剪蓮齊眉打也觀敵之强弱或虛或實指東而打西指

左而打右不動如山動則如電也則此道易學而難精而精在於熟熟在勤勤在於時習而已矣

鎗法尤要者分鎗法也敵人之鎗或向上部中部來我用纏封明封偏出直刺敵人之鎗或向下部來我用滴水偏出敵人用雙鎗我用纏封明封以單破雙勢如破竹

六合棍譜

福山塗山村于氏祖傳棍法

第一合

起手四平鎗面右左手前作中平勢開步黃龍探爪閃左步閃棍斜插柳邋叉鎗名起身走挑跳單揭收棍大刀勢面左單手打下為崩雜一棍回身老僧擨衣面右走跳出身回至沉地回身走跳雙揭收作大刀勢上左步雙手一撲為力劈

一棍起身滴水面右上步倒手左滴水面左再上右步滴水偷右步明封一鎗回跳纏攔出身回至沉地

第二合

回身擰步纏封一鎗再上右步纏封一鎗又上左步明封一鎗為鳳凰三點頭上步右單扎一鎗上步左走跳鷂子反身單手打下為崩雜一棍回身老僧撇衣走跳出身回身右步上走跳

雙揭掛提耳或云勾進步收棍大刀勢上步力劈一棍起身上步左底打一杈收棍金鑾護膝崩雜一棍回身老僧撇衣走跳出身回身走跳雙揭收棍大刀勢雙手力劈一棍起身上右步上打一杈底摟跕步明封一鎗纏攔回身走跳回至沉地

第三合

上打一杈跕步綬頭花作身後藏刀勢擺棍跕步

順水推船合手反揭跕步迎風掌扇上左腳偷步
滾進拖步雙絞雙手崩雜一棍揭懷走跳
回身回身上右步單棍揭收作大刀勢•單手崩
雜一棍老僧擷衣走跳回身上右步雙手斜打一
棍為餓虎撲食再上左步上打一棍為猛虎反
身纏攔回身回身上打一棍倒手一鎗再上左步
上打一棍倒手一鎗為棍打節節高纏攔
走跳回至沉地

第四合

開步撥天朝天一柱香面左崩雞一棍為鷂子反身點步回身滾進一鎗底打一棍轉身一鎗上右步反揭迎風掌扇點步擺棍鐵棍護門回身底打一棍轉身一鎗跕步棍裏藏身起身掃堂轉身回馬掃堂回至沉地

第五合

上打一棍再上左步上打一棍回身紐步白猿拖刀

轉身犀牛展背作行者栿勢上左步轉身連四劈

收棍上右步單扎一鎗轉身犀牛磨角回身猛虎

下山犀牛展背轉身白蛇吐信面左反揭走跳

回身回身上左步燕子單展翅上右步並手雙

剪蓮回身猛虎展尾點步轉身獅子扶展回至沉地

第六合

上打一撥再上左步合手仙人指路擺腳棍懸小單

鞭收棍裏跨劍上步小點偏鎗錯手犀牛展背

轉身鐵棍護門反身明封一鎗回身後掃收棍外跨劍點步反棍揭鰲魚側身上步左鰲魚側身再上右步反揭鰲魚側身崩雜一棍回身走跳青龍擺尾收棍裏跨劍伸左脚步走跳偷攔馬挑打回身出走朝天勢合手犀牛展背．作迎風掌扇上右步過脚步雙手打下再轉身上左步雙手打下為連背反回身[illegible]棍大亮鎗偷步明封一鎗上步單扎一鎗點步轉身犀牛磨角回身猛虎下山也

鎗起身明封一鎗右跕纏封一鎗两跕左明封
一鎗為黃龍三轉身拔棍提左脚為提鐙勢伸左
脚並手向上一鎗為摘花獻佛收棍提脚
一蹲為玉女抱琵琶回身跕步轉身作二郎
担山勢

分身八肘

為行手左臂肩胦肘○扭步扭仰膈肘○左採右撲肘○左右両臂肘○左右圍回臂肘○右攢挑抱肘○左右雙插肘○右左雙盤肘○左外右裏雙圈肘○右膈右栽肘○左偷摝○右捆肘○右補摝○雙撲肘○左插掌○右打滚龍肘○左盤肘○右胦肘○左右雙鳳肘○上下雙圈肘○左採右打歪良肘○右採左下根掀肘○右打迎積肘○

左打挪點抱肘○右採左撲肘○左右而橫肘○撲左的膈肘、上路插○左撲的膈肘、下路插○左起的膈肘、至底○左右而至膝的膈肘○右穿插○左挑插○右烹、肘○圈回圈插○上下半圈肘○左封左窩肘○右封雙窩肘○左烹右雜○右崩右撞肘○右起朝天插○偷右步、左外圈插○右打摻揩挑肘○雙腆連環肘○後坐霸王拉硬弓○連環磋插○雙採推積肘○右打進窩插○

連環磋掌○左封右打邪圈捶○右良右泄捶○
右挑、右雜、左烹捶○迎天一積臂肘○左採、右
雜、右烹、左圈捶○根左腳、雙螳螂、根右腳、右
點肘○偷右腿○左外圈捶○右回正圈捶○右封
右點肘○順送下盤肘○左挑左轉肘○雙封雙
盤肘○左振、右採、打右撨○雙分、雙撲、右坐肘○
右鈎左打急挑捶○左吽右插捶○左崩右打
朝天肘○右封左打朝天肘○右左緒門肘○雙

分鎖口劈肘。左螳螂、右跌肘。反身後打反車圈。雙封右打歪良肘。

拳中有八短

有頭肘、有嘴肘、有頦肘、有肩肘、有脇肘、有髂肘、有坐肘、有劈肘、拳中有八短也。

亂接

爲行手五打連環劈。右左螳螂手。雙列。秀女認針。右挑抱。左右外良摟。右題、天分雙

合截。左捶插掌。右補捶。邪分、盤肘。右扡閉、

補心掌。左右玉女穿梭。左右雙磋捶。左打

海底取寶。故耳圈捶。左崩捶。右磋捶。右題

截。右打海底取珠。右力劈、右跌肘。右挪捶。

左右走馬雙扣。右左螳螂手。要步挺身

螳螂手、寒鷄步、梅花題、螳螂手、千變萬化

寒鷄步、變化無窮、梅花開五福、螳螂題打、

螳螂代打、螳螂捆打、螳螂占打、螳螂閉打、

螳螂叫打、螳螂截打、螳螂鈎打、螳螂緒打

螳螂封打、螳螂就打、螳螂拿打

拳中有十二門

粘、占、挪、帖。來、叫、順、送。題、拿、封、閉。

剛中出柔。柔中出剛。出剛、動則柔。出柔、動則剛。軟如麵、硬如鉄、剛柔相濟。所謂行也。見剛、而以柔剋之。見柔、而以剛濟之。占帖題、劈、以剛而濟之。來、叫、順、送、點、捶、以柔而刻之。手的摟法有三，有題摟，有底摟，有滾摟。

破刀，大撨，蹬撲撨，鈎掛撨，小撨。

掩仰脚，扣心脚，扣襠脚，扣裏外膝的脚，攢騙脚，攢襠脚，裏外斧刀脚，趣脚，加楔脚，連環脚，寸磋脚，反正攢脇脚，旋風脚，旋網脚。

拳中有八打八不打，不打正是打。

一不打太陽為首，二不打兩耳扇風，三不

打腦後生風四不打穿顋摭五不打向心
直統六不打兩脇雙閉七不打爲陰高骨
八不打尾閭骨一打迎面二打嘴把三打
胸臺四打肩頭五打肩背六打進窩七打
膈肌八打腿

六合棍校释

六合棍

六合棍序

尝谓轻清者上浮，重浊者下降，天地之对待也。寒往则暑来，暑往则寒来，阴阳之无间也。『强弗友刚克，燮友柔克。沉潜刚克，高明柔克。』刚柔之相济也。而治国平天下之道，既尚文事，又须武备。文足以持风俗、善教化，固宜尊而尚之；武足以镇中华、畏外服，亦宜学而习之。乃升平日久，四海向化，八荒从风，而武事废。非惟学校不讲，而乡党〔一〕闾阎〔二〕亦不讲；非惟公卿大夫不讲，而军旅卒伍亦不讲。则仲子刺鱼之剑〔三〕，久已沉沙；冉子〔四〕胜齐之矛，几成朽木。惜哉。

福山〔五〕于君应龙，长于骑射，精于刀石，弱冠〔六〕而入武庠〔七〕，此亦不必为之缕述。而枪棒之道，

〔一〕乡党，家乡，乡里。

〔二〕闾阎，平民居住的地区，借指民间。

〔三〕仲子刺鱼之剑，仲子，一般指仲由，字子路，春秋时期鲁国人，孔子门徒，『孔门十哲』之一、孔门七十二贤之一，性情刚直，好勇尚武。此处仲子刺鱼之剑疑无确指，仅指代古勇武之事。

〔四〕冉子，即冉求，字子有，尊称『冉子』，春秋时期鲁国人，孔子门徒，孔门七十二贤之一。

〔五〕福山，古为福山县，今为山东省烟台市福山区。

〔六〕弱冠，古时男子二十岁称弱冠。这时行冠礼，以示成年，但体犹未壮，还比较年少，故称『弱』。

〔七〕武庠，当指武庠生，明清科举制度中府、州、县学的生员别称庠生，即秀才，武庠生即指武秀才。

更属优为。年已七旬，而作坐进退之法，丝丝入扣，发扬蹈厉之气，人人惊奇。其应敌也，如风雨之骤至；其克敌也，如膺鹯之击逐；其疾也，法乎阳刚；其徐也，本乎阴气。其循环而不已，天行之健也。其闪转而欲避，地道之顺也。其有时而为虚，有时而为实，刚柔断也；其实者而虚之，虚者而实之，刚柔相摩也。此艺也，天地间可少也哉！

夫近世能文者不必能武，于君武而能文者。自著六合棍谱、六合棍论以及六合乂（叉）〔一〕法，一一述之，明如指掌。此道尘封于世，几几无所延求，而君乃欲公之同好，以贻后学，则其心之光明磊落，可知；则其事之慷慨正直，亦可知；则其处乡党朋友姻娅〔二〕间，更可知矣。

道光岁次壬寅中和节〔三〕牟平乡〔四〕刘汝芬叙

六合棍论

枪棍原出一门，长者为枪，短者为棍。枪长，利于马上；棍短，便于步下。棍亦枪也。夫枪中之势，有进有退，有疾有徐，有虚有实。有虚虚，有实实。实者虚之，虚者实之。进则认彼势之变，以取胜；

〔一〕乂，据文义，应为『叉』字之误。
〔二〕姻娅，亲家和连襟，泛指姻亲。
〔三〕中和节，中国民间传统节日，日期为农历二月初二。
〔四〕牟平乡，或为今山东省烟台市牟平区。

否则虚进以诱之，以观其变。退则任我之变，否则闪转，以观其空，承（乘）〔一〕虚而入。而要之，认敌之强弱：弱则直取，如疾雷不及掩耳；强则闪转，一避其锋，视不胜犹胜也。虚者，为伪进；实者，为疾取。虚则为奸战，以竭其力；实实为欺敌，以取其胜。似实进而虚取者，为实者虚之；似虚进而实取者，为虚者实之。学于步下，用于马上，其理一也。

枪中之势，有扑心、刺指、串（穿）〔二〕袖、顶膝、锁口、封膀、四平，黄龙探爪。扑心，枪也，直扎敌人之棍。刺指，串（穿）袖枪也。跕（垫）〔三〕步逼枪，铁棍护门，顶膝枪也。摘花献佛，为锁口。大亮枪，为封膀。黄龙三转，桓侯之枪。回马凤凰三点头，罗家之枪。单札（扎）〔四〕一枪，杨家之枪也。枪中之法甚多，智取旁通，随机应变而已矣。

若夫棍有大刀势，揽腰势，拖刀势。自上而打下，自下而打上。自左而打右，自右而打左。自前而打后者也。力劈一棍，大刀势也。横打一棍，揽腰棍也。劈肩一棍，拖刀势也。崩杂一棍，自上而打下。单揭双揭，自下而打上。邪（斜）〔五〕插柳，偷步双校，左右打也。若遇众敌，要识隐（阴）〔六〕阳之

〔一〕承，据文义，似为「乘」字之误。

〔二〕串，据文义，应为「穿」字之误。后同。穿袖，枪法名，戚继光的纪效新书·长兵短用说篇中有记。

〔三〕跕，据文义，或为「垫」字之误。后同。垫步，武术步法术语。

〔四〕札，据文义，应为「扎」字之误。

〔五〕邪，据文义，当作「斜」字。后同。

〔六〕隐，据文义，应为「阴」字之误。

明昧，察地利之广狭。能进能退，勿入众围，出走以诱敌人之追者，回身取胜，重重而行之。扫堂回马，扫堂打腿也。燕子单展翅，并手双剪连，齐眉打也。观敌之强弱，或虚或实，指东而打西，指左而打右。不动如山，动则如电也。则此道易学而难精。而精在于熟，熟在勤，勤在于时习而已矣。

枪法尤要者，分枪法也。敌人之枪，或向上部中部来，我用缠封、明封逼出，直刺。敌人之枪或向下部来，我用滴水逼出。敌人用双枪，我用缠封、明封，以单破双，势如破竹。

六合棍谱

福山涂山村于氏祖传棍法

第一合

起手四平枪【面右，左手前，作中平势】。开步黄龙探爪【闪左步】，闪棍斜插柳【又名遁枪】。

起身，走挑跳单揭，收棍大刀势【面左】。单手打下，为崩杂一棍，回身，老僧撅衣【面右】。

走跳出身【回至沉地】，回身，走跳双揭，收作大刀势【上左步】。

双手一扑，为力劈一棍，起身滴水【面右】。上步，倒手左滴水【面左】。

再上右步，滴水。偷右步，明封一枪。回跳，缠拦出身【回至沉地】。

第二合

回身拧步，缠封一枪【再上右步】，缠封一枪【又上左步】，明封一枪，为凤凰三点头【上右步】。

单扎一枪【上左步】，走跳，鹞子反（翻）〔一〕身。单手打下，为崩杂一棍。回身，老僧撅衣。

走跳出身【回身，上右步】，走跳双揭【或云勾挂提耳】。

进步，收棍大刀势【上步】。力劈一棍，起身【上左步】，底打一杈〔二〕，收棍。

金銮护膝，崩杂一棍。回身，老僧撅衣，走跳出身。回身，走跳双揭，收棍大刀势。

双手力劈一棍，起身【上右步】，上打一杈，底搂【跕（垫）步】。

明封一枪，缠拦，回身走跳【回至沉地】。

第三合

上打一杈【跕（垫）步，缦头花】，作身后藏刀势。

摆棍【跕（垫）步】，顺水推船，合手反揭【跕（垫）步】。

迎风掌扇【上左脚，偷步】。滚进拖步，双绞，双手崩杂一棍。

揭怀，走跳回身【回身，上右步】，单棍揭，收作大刀势。

单手崩杂一棍，老僧撅衣【走跳，回身，上右步】。

双手斜打一棍，为饿虎扑食【再上左步】。上打一棍，为猛虎反身，缠拦回身【回身】。

〔一〕反，据文义，当作『翻』字。后同。

〔二〕杈，此字难以识别，待考。后同。

上打一杈，倒手一枪【再上左步】。上打一杈，倒手一枪，为棍打节节高。

缠拦走跳【回至沉地】。

第四合

开步拨天，朝天一柱香【面左】。崩杂一棍，为鹞子反（翻）身【点（垫）[一]步】。

回身滚进一枪，底打一杈，转身一枪【上右步】。反揭，迎风掌扇【点（垫）步】。

摆棍，铁棍护门【回身】。底打一杈，转身一枪【跕（垫）步】。

棍里藏身【起身】，扫堂【转身】，回马扫堂【回至沉地】。

第五合

上打一杈【再上左步】，上打一棍【回身，纽（扭）[二]步】，白猿拖刀【转身】。

犀牛展背，作行者棒势【上左步，转身】。连四劈，收棍【上右步】。

单扎一枪【转身】，犀牛磨角【回身】。猛虎下山，犀牛展背【转身】，白蛇吐信【面左】。

反揭，走跳回身【回身】。上左步，燕子单展翅【上右步】，并手双剪莲【回身】。

猛虎展尾【跕（垫）步转身】，狮子抉展【回至沉地】。

〔一〕点，据文义，或为『垫』字之误。后同。

〔二〕纽，据文义，当作『扭』字。

第六合

上打一拨【再上左步，合手】，仙人指路【摆棍，悬脚】，小单鞭，收棍。

里跨剑【小跕（垫）步】，逼枪错手，犀牛展背【转身】。

铁棍护门【反身】，明封一枪，回身后扫，收棍。

外跨剑【跕（垫）步】，反棍揭，鳌鱼侧身【上左步】。

鳌鱼侧身【再上右步】，反揭，鳌鱼侧身，崩杂一棍【回身】。走跳，青龙摆尾，收棍。

里跨剑【伸左脚，偷步，走跳】，拦马挑打【回身】。

出走，朝天势。合手，犀牛展背，作迎风掌扇【上右步，遇（过）〔一〕脚步】。

双手打下【再转身，上左步】，双手打下，为连背反【回身】。

□棍大亮枪【偷步】，明封一枪【上步】，单扎一枪【跕（垫）步转身】，犀牛磨角【回身】。

猛虎下山，屯枪起身，明封一枪【右跕（垫）】，缠封一枪【再左跕（垫）】。

明封一枪，为黄龙三转身【拨棍，提左脚】，为提镫势【伸左脚】。

并手向上一枪，为摘花献佛，收棍。提脚一蹲，为玉女抱琵琶【回身】。

跕（垫）步转身，作二郎担山势。

〔一〕遇，据文义，应为『过』字之误。

分身八肘

为行手左臂肩腆肘，扭步扭仰膈（格）〔一〕肘，左采右扑肘，左右而臂肘，左右围回臂肘，右攒挑抱肘，左右双插肘，右左双盘肘，左外右里双圈肘，右膈（格）右栽肘。左偷捶，右𢭏〔二〕肘。右补捶，双扑肘。左插掌，右打滚龙肘。左盘肘，右腆肘，左右双凤肘，上下双圈肘。

左采右打歪良肘，右采左下根掀肘，右打迎积肘，左打挷〔三〕点抱肘，右采左扑肘，左右而横肘，扑左的膈（格）肘。上路捶，左扑的膈（格）肘。下路捶，左起的膈（格）肘。至底，左右而至膝的膈（格）肘。右穿捶，左挑捶，右烹肘。围回圈捶，上下半圈肘。左封左窝肘，右封双窝肘。

左烹右杂〔四〕，右崩右撞肘。右起朝天捶，偷右步，左外圈捶，右打掺阶挑肘。双腆连环肘。后坐霸王拉硬弓，连环磋（搓）〔五〕捶，双采推积肘。右打进窝捶，连环磋（搓）掌，左封右打邪（斜）圈捶，右良右⿰氵坐（挫）〔六〕捶，右挑右杂左烹捶，迎天一积臂肘。

〔一〕膈，据文义，似为『格』字之误。后同。

〔二〕𢭏，康熙字典载：『杜本切，屯上声。推也。』

〔三〕挷，古同『搒』，本意指掩盖、敛藏，又指用棍子或扳子打。后同。

〔四〕左烹右杂之『烹』『杂』，或为『捧』『砸』。『捧』，在山东螳螂拳中为『架住』的意思；『砸』为『击打』的意思。

〔五〕磋，据文义，似为『搓』字之误。后同。

〔六〕⿰氵坐，据文义，或为『挫』字之误。

左采右杂，右烹左圈捶，根（跟）〔一〕左脚，双螳螂，根（跟）右脚，右点（顶）〔二〕肘。偷右腿，左外圈捶，右回正圈捶，右封右点（顶）肘。顺送下盘肘。左挑左转肘，双封双盘肘。左搌右采打右撨，双分双剿右坐肘。右钩左打急挑捶，左叫右插捶，左崩右打朝天肘。右封左打朝天肘，右左绪门肘，双分锁口臂肘。左螳螂，右跌肘。反身后打反车圈，双封右打歪良肘。

拳中有八短

有头肘，有嘴肘，有脖肘，有肩肘，有胁肘，有臀肘，有坐肘，有臂肘。

拳中有八短也。

乱接

为行手，五打连环劈，右左螳螂手，双剁秀女认（纫）〔三〕针。

右挑抱，左右外良捶。右题（提）〔四〕天分双合截，左捶插掌右补捶。

邪（斜）分盘肘右拖闭，补心掌，左右玉女穿梭。

〔一〕根，据文义，当作『跟』字。
〔二〕点，据文义，或为『顶』字之误。
〔三〕认，据文义，应为『纫』字之误。
〔四〕题，据文义，应为『提』字之误。后同。

左右双磋（搓）捶，左打海底取宝。

故耳圈捶，左崩捶，右磋（搓）捶，右题（提）截，右打海底取珠。

右力劈，右跌肘，右掷捶，左右走马双扣。右左螳螂手，要（跃）〔一〕步挺身，螳螂手，寒鸡步。

梅花题（提），螳螂手，千变万化寒鸡步。变化无穷，梅花开五福。

螳螂题（提）打，螳螂代打，螳螂捆打，螳螂占打，螳螂闭打，螳螂叫打，螳螂截打，螳螂钩打，螳螂绪打，螳螂封打，螳螂就打，螳螂拿打。

拳中有十二门

粘，占，掷，帖，来，叫，顺，送，题（提），拿，封，闭。

刚中出柔，柔中出刚。出刚，动则柔；出柔，动则刚。软如面，硬如铁，刚柔相济，所谓行也。见刚而以柔刻（克）〔二〕之，见柔而以刚济之。占帖题（提）劈，以刚而济之。来叫顺送点捶，以柔而刻（克）之。

手的搂法有三：有题（提）搂，有底搂，有滚搂。

破刀大樵，蹬扑樵，钩挂樵，小樵。

〔一〕要，据文义，应为『跃』字之误。

〔二〕刻，据文义，应为『克』字之误。后同。

掩仰脚，扣心脚，扣裆脚，扣里外膝的脚。攒（钻）〔一〕臀脚，攒（钻）裆脚。里外斧刀脚，趣（趍）〔二〕脚，加梁脚，连环脚，寸磋（搓）脚，反正攒（钻）胁脚，旋风脚，旋纲脚。

拳中有八打八不打，不打正是打

一不打太阳〔三〕为首，二不打两耳扇风，三不打脑后生风，四不打穿嗓捶，五不打向心直统，六不打两胁双闭，七不打屌阴高骨，八不打尾闾骨。

一打迎面，二打嘴把（巴）〔四〕，三打胸台，四打肩头，五打肩背，六打进窝，七打膈肌（胳膊）〔五〕，八打腿。

〔一〕攒，据文义，或为『钻』字之误。后同。

〔二〕趣，据文义，疑为『趍』字之误。趍[qū]，古代同『趋』，其本义是快走的意思。

〔三〕太阳，当指人体头颅两侧的太阳穴。

〔四〕把，据文义，应为『巴』字之误。

〔五〕膈肌，据文义，应为『胳膊』。

单刀谱

提要

单刀谱，一册，抄本，六十页，正文每页多为八行，无版框，封页题署『单刀谱』，其后页书有『万代传流单刀谱』字样，无抄录者及具体抄录时间等信息。然据谱中『撙』字有缺笔，故推测该抄本当抄录于清道光年间，这与谱中记述的『道光二十五年』是相吻合的。此谱于一九八六年间由山西省河津县（今为河津市）南里村农民拳师柴玉印捐献给中国武术研究院，院藏编号为G852.22-2。

此谱卷首有两序，前序的时间、作者不明，后序则是雍正三年（一七二五）一个名叫秦元之的人所作。此谱内容大致分两大部分，先是目录中标明的『四门金斗十六架』『十二势歌』『砍刀十二路』『无门开门』等，其后又有『八人小攒营』『御制宝锷宣威』等。

需要指出的是，此谱与二〇〇一年海南出版社出版的故宫博物院编故宫珍本丛刊·万代流传单刀谱基本相同，可以其作为参考。

单刀谱影印

單刀譜

萬代傳流單刀譜

康熙四十四年乙酉仲春二十日奉

旨著成立技勇刀總論

序

神農氏始作刀劍弓矢之利以威天下自古之

人必有善其術者以之護衛國家立法度以為

內衛護

御之備流傳萬代奉

旨著選習刀劍器械者重加官職以傳近
御技勇該處嚴選不拘年分欽此於康熙五十四年
乙未科有左何端桂字飛鵬蒙
恩典賜
御前侍衛殿試見其人激昂慷慨藝業精細心懷中
正膂力過人特
旨著交暢春園叅將李三友一併習學器械欽此二
人謹遵

聖旨晝夜純練若志習學朝夕不輟後刀劍純熟諸
器精蘊世無可比有當朝順成郡王錫保天錫
神威膂力過人善好武藝又訪智料兼全之人
一同掄刀撫劍後勅參將李三友藝業過人言
及初學藝業不想俱係孫艷魁之徒于是此三
人同心演習日久變化無邊世間罕有俱係忠
勇之心以立世業後有晉陽人姓于名五著字
麒麟諸器皆通尤工刀法門下有五十人名哪海

麒彪常有張茂段桂此五人俱係忝遊之職順
成郡王聞此六人即奏請調京
皇上聞奏甚喜即降　旨着此六人即速進京聽
候選用六人進見京朝　見
世宗憲皇帝見此六人虎背熊腰胸藏韜畧特
旨著此六人與順成郡王錫保天何飛鵬李三友在
紫光閣共演武藝刀劍步陣之法是日
皇上親閱八人呈演各逞威能以獻刀法之門路各

有次序之用
聖人喜悅將此八人重加陞賞於雍正三年乙巳仲
春夏荷月特
旨着此八人傳與內衛太監成立內衛技勇銜總
管率領太監謝
恩各抒英勇情愿習學以感
聖恩
序

粤自神農氏始作刀劍弓矢之利以威天下上古之人必有善其術者遠莫能考後雖代有其人如處女公孫氏之屬而其法亦皆絕傳豈非千古之遺憾歟惟吾夫子于穆公少年從戎之閩中遇有蘇會元公者善刀法相與較論奇妙出入意表其法則有十二路每路凡四刀法極密故嘉其藝而誌焉及還都之後朝夕無暇寢食不忘觸類旁通擴

充變化不畏演習思索之煩殫心竭力于斯三
十年怏（而乃）然而曰吾于斯得之矣乃法其無寸
蘊乎乃演為十二路每路凡十刀銘曰刀法十
二出沒神奇變化莫測進退有序攻守有盡虛
中藏實柔內隱剛無退無進無守非攻實〻虛
虛莫可端倪此誠發千古之密秘復湮沒之絕
學者也功誠大矣且吾
夫子之刀法皆發自性成正如庖丁之解牛由

叔之命射無非此精神之通耳彼世俗言刀者顧可同日語哉凡諸及門者當熟習此刀法不可中輟至于精熟之極自有得心應手之妙故心未及思而手已能應發已能中矣有不知其然而然者可謂得吾門之傳授應不負吾夫子立法之功五十年于斯之苦心也

旹雍正乙巳孟春門人秦元之謹序

刀法目錄

四門金斗十六架

圯橋進履　退步三歸　白蛇弄風

黃鷹展翅　惡蟒穿林　踏罡二歸

梨花亂舞　隱勢觀風　藏花半朶

隱勢單鞭　清雲補月　托山舞花

撥雲抱月　二虎爭飡　過嶺尋梅

十二食歌

初定勢懷中抱月　青龍戲水因潮　猛虎奪食

下山高　倒掖耕犁奇巧　按中央夜叉探海
仙人指路（逍遥）霸王舉（舉勇力驍）勒馬停鋒發號
掣身勢（魁星戲斗）急翻身（猛虎歸巢）托刀引誘（英豪）
十二勢包藏其妙

上四路死手變化歌

丹鳳展翅欲朝陽　金龍探爪有神光
泰山壓頂身難保　猛虎歸巢世無雙

中四路死手變化歌

燕子抄水是攔腰　仙人解帶隱神刀

白蛇吐信穿心過　蛟龍出水自翻潮

下四路死手變化歌

扳樹搜根是撩膝　仙人換影人怎知

猿猴摘菓藏奇妙　葉裡尋花自有機

第一路丹鳳展翅圈裡

我有進步發刀砍項　他有側身進步鎚腕

我有跨步伏身撤刀掃腿　他有進步伏身提刀撩腕

我有軟腕提刀轉步捻手

我有側身退步發刀砍頂

我有跨步伏身撤刀掃腿

我有提刀出刀合毋刀架勢

他有偷步踦身拔腕提刀撩腹

他有閃身進步直刀剪腕

他有進步伏身提刀蓋剪腕

第二路金龍探瓜

我有發刀進步砍項

我有伏身跨步撤刀掃腿

我有偷手攪刀掃身剪腕

他有側身直刀剪腕

他有進步側身提刀掃腕

他有掛刀轉步平刀鎈喉

我有砰刀跨步閃身搶手　他有軟腕垂刀跨步剁腕刺肋

我有撒手退步撤刀砍項　他有側身偷步提刀掃腕

我有翻手提刀合刀架勢

第三路泰山壓頂圈外

我有發刀進步剁頂　他有側身進步篷刀托腕

我有退步跨身提凡刺肋　他有偷身移步直刀劈肩

我有跨步閃身掃腿　他有轉步伏身提刀撩腕

我有偷手撟刀跨步直刀劈面　他有側身轉步提刀撩腕

我有側身偷步提刀撩腕　他有側身轉步提刀撩腕

我有出手合刀架刀

第四路猛虎歸巢圈外

我有進步發刀剎項　他有側身進步逢刀托腕

我有側身轉步擊刀撩腕　他有偷手擄刀搵身跨步平睺刀鎈

我有收步閃身跨步平撤刀撩膝反鎈　他有跱身跪腿直刀剪腕

我有跨步伏身撩刀膝撤　他有起身轉步伏身提刀撩腕

我有偷手跨步伏身橫刀砍膝　他有側身退步撤刀砍項

我有退步翻身合刀架刀

第五路燕子抄水圈外

我有進步發刀攔腰　他有側身進步押刀剪腕

我有垂刀移步踏身盖刀剪腕　他有挂刀轉步平刀鎖喉

我有翻身跪腿直刀剪腕　他有跨步伏身撤刀撩肋

我有起身轉步提刀撩胯　他有退步側身提刀撩腕

我有移步踏身撩腕刺肋　他有轉步閃身翻刀砍項

我有翻手合刀架刀

第六路 仙人解帶 圈外

我有進步發刀攔腰　他有側身進步提刀截腕

我有偷步合肩藍刀剪腕　他有轉步跳腿切刀刺腹

我有閃身跨步平刀攔肋　他有側身退步提刀撩膀

我有退步提刀撩腕　他有轉步提刀撩腕

我有跳腿轉步砰刀刺胸　他有側身退步翻刀砍項

我有退步出手合刀架刀

第七路 白蛇吐信 圈裡

我有進步發刀刺肋　他有側身進步逼刀反刺

我有側身拈刀上步平刀鏟喉　他有蹄身跪腿直刀剪腕

我有跨步閃身撤刀掃腿　他有起身轉步伏身提刀撩腕

我有跳腿轉步砑刀蹄身刺胸　他有側身退步翻刀砍項

我有閃身上步撩腕　他有側身提刀撩腕

我有出手合刀架刀

第八路蛟龍出水圈外

我有進步發刀刺肋　他有進步刷刀反刺

我有換腿入步翻刀攔肋　他有轉步翻身提刀撩腕

我有閃身抱刀橫刀砍膝　他有轉步撤刀剁肩

我有伏身抱刀進步刺喉　他有側身退步避刀翻手持刺

我有出身合刀架刀

第九路拔樹尋根圖裡

我有進步提刀撩膝　他有進步提刀撩腕

我有挂刀跨身進步捡手　他有托手轉步刺喉

我有丟刀偷步插腿別腕刺肋　他有出身轉步直刀刺腹

我有翻手刷刀跨步平刀攔肋　他有側身轉步提刀撩腕

我有拳手轉步貼刀刺喉　他有出身退步撤刀砍項

我有退步合刀架刀

第十路仙人換影圈外

我有進步提刀撩膝　他有進步提刀撩腕

我有偷步合肩盖腕　他有側身跨步攔肋

我有閃身轉步撤刀砍項　他有上步揮刀剪腕

我有換步抽刀拴手　他有轉肘偷步揮腿砍項

我有出身轉步撒刀剁頭　他有擊手挑進步蓬刀托腕

我有翻手合刀架力

第十二路猿猴摘菓圖裡

我有進步提刀撩陰　他有進步提刀撩腕刺肋

我有合手捧刀跨步錢喉　他有踤身跪右腿刺胸

我有閃手側耳撒刀撩肋　他有翻身換跪左腿提刀撩腕

我有踤身跪右腿直刀剪腕　他有跨步撒刀撩肋

我有翻身換跪左腿提刀撩腕　他有偷手跨步撒刀撩肋

我有起身退步撤刀砍項　他有退步合刀架刀

第十二路葉裡尋花圈外

我有進步提刀撩陰　他有進步提刀撩腕刺肋

我有踏身跪左腿蓬刀刺腹　他有踏身跪右腿直刀劈肩

我有起身跨步撤刀掃腿　他有換跪左腿直刀撩腕

我有偷手擄刀跨步平刀鎖喉　他有拈刀翻身進步反鎖喉

我有踏身跪右腿直刀剪腕　他有跨步撤刀撩肋

我有翻身換跪左腿提刀撩腕　他有偷手跨步撤刀撩肋

我有起身退步撤刀頭砍　他有退步翻手合刃架刀

無門開門進手連刀法二十法上誘十二法下誘八法

圈裡纏絲　圈外纏絲　圈裡砰扎　圈外砰扎

圈裡串扎　圈外串扎　圈裡硬捡　圈外硬捡

上誘下扎裡　上誘下扎外　切刀硬進裡　切刀硬進外

下誘上纏裡　下誘上纏外　上誘下纏裡　上誘下纏外

刷刀硬進裡　挨扎硬進外　裡哄　裡捡　外哄　外捡

捡手口訣歌

撥刀直入刺咽喉　須防側閃刀不流
軟避急伸埋伏手　翻刀劈項鬼神愁

虛搶口訣歌

迎門直刺定有因　刀不流（留）分隨彼身
拈手進步高起手　散手發刀明假搶

伏掌口訣歌

直刺咽喉須認清　防備躲閃刀不停
刺腕拈刀出神掌　手下刀翻便成功

刴項口訣歌

花刀轉步是枝葉　提刀須要有筋節
防備合手我刀翻　便是神仙真口訣

拈刀口訣歌

拈刀偷腕要精誠　口訣合刀要認清
翻刀身劈項須連下　躥跳出身定有功

砍腿口訣歌

撒刀砍項有精神　防備進步要認真

彼要起腿我刀下　急步出身定成功

劈面口訣歌

直刀刺眼須認清　引見膝那直進身

軟腕翻手押刀背　直刀劈面果超群

使手八法

刪砍劈剁　削耳撩腮　圈裡鉤刀　剁項撩刀

進步立勢　撩刀提腕　進步剪腕　滑刀跳扎

使手去手二十八法

裡扎外刴　你扎我　外刴　外扎裡刴　你刴我

裡扎　裡扎外提腕　你扎提我撩腕　外扎裡

提腕　你纏我上腕　扎刴裡纏腕　你纏我

撩腕　你纏我上步下手拴下空上扎裡挂刀

反刺外　下空上扎外　挂刀反裡圈裡躥澗

軟腕偷手外蓋圈外躥澗　軟腕偷手外剪圈裡

跳澗軟架立劈裡圈外跳澗　軟架立劈外

扎刴代讚　軟腕反讚刴肩　外扎裡讚　假拴

剁頂

使腿使手十六法

砍項帶腿　換步蓋腕　裡伏掌外砍　轉身下步邉刀　外伏掌裡砍　轉身下步削刀　裡攬外扎　下步裡軟蓋　外攬裡扎　下步外軟蓋　圈裡纏絲　圈裡外捻手　圈外纏絲　圈外裡捻手　裡誘帶腿　外誘帶腿

身形使手四十四法

海底撈月　偷天換日　觀音透心凉　跨步仙
人換　上劈下撩　下撩上盖　圈裡空扎　逼
刀反刺外　圈外空扎　逼刀反刺裡　裡扎外
撩　反面撩刀　外扎裡撩　背反提刀　上扎
裡砍腿　换腿外盖面　上扎外砍腿　换腿裡
盖腕　下扎上劈　退步倒提腕　下扎上盖
偷步反撩腕　鷂子穿林　猛虎翻身　烏龍擺
尾　到馬龍擺尾　圈裡直扎　壓腕立劈　外

扎反砍腿　逢刀反砍腿　撩刀反砍腕　逢刀

反砍外　圈裡止步換手　圈外上步換手　轉

身進步換手　坐山換手　撤身換手　撩刀撤

身換手　逢（過）刀撤身　進步撩刀　撤身下步劈

串手左右扎　切刀搬鑽裡刪　切滑搬鑽外刪

撤手使手十五法

抽樑換柱　巧女紉針　仙人換影　狸猫捕鼠

虛捡假奪　猿猴獻菓　蝴蝶戲梅　二仙傳道

撿手法　拈刀法　攪纏法　軟腕法

拈刀進身法　撲拏法　拉扯法　刪砍劈剁削

耳撩腮此乃刀之八法

志意訣

時習工夫不可忘　身心純熟更為強

若能省悟傳授意　何愁聲名世不揚

慎重歌

胸藏藝業莫輕狂　若遇私仇手莫揚

直到陣前方展動　功名青史萬年香

如意金刀二十四勢

如意金刀按五行　身隨手眼任縱橫
神刀出鞘霞光閃　蹤身跨虎氣崢嶸
仙人遙指青雲路　昂然白馬前蹄輕
翻花裡腦單腰讓　抱月傳鉢雙手擎
鍾馗捧獻虹霓劍　飛身斜跨鳳凰騰
騎龍探海千波湧　垂劍降魔萬怪驚

伍員舉鼎贏秦服
藏刀妙施引誘法
屈體下莊伏虎勢
探背海底撈明月
飛鳳跨身單展翅
推窗似望天邊月
橫架金梁托泰岳
形容大概皆在勢

鉄牛耕地泰山平
巧轉微蹤小誘身
疊膝白猿獻菓形
蘇秦背劍轉精神
神功巧用定南針
指劍如迎北斗星
換身埋伏側身形
心手相通在精神

看劍悟書方為妙　得意常習是高人

如意金刀二十四讚

神刀出鞘

神刀如意　今古無雙　首展出鞘　映日生光

随形变化　運轉多方　黃鶯捉雀　元機内藏

蹤身跨虎

蹤身变勢　跨虎生威　毫光四射　瑞氣斜揮

揮

神功巧用　隻蝶戲梅　克敵取捷　丹鳳留題

仙人指路

政形換勢　金刀変更　仙人探背　指路雲程

移星換斗　默運神功　威靈霄漢　氣貫長虹

白馬剪蹄

喚名白馬　轉步生神　剪蹄翻刀　威猛難侵

敵人冲入　審辨應真　隨進軟盖　克建奇勳

腰讓蜡花

妙運元機　変為腰讓　片片梨花　蜡花頂上

推劍攔腰　敵者膽喪　較比青虹　尤分下上

抱月停鋒

懷抱明月　斜停剛鋒　身雄似虎　目潔如星
敵人魄散　鬥士魂驚　烏龍擺尾　鳳閣標名

鍾馗獻劍

勢名獻劍　法本鍾馗　層層瑞霧　包隱元機
諸魔匿影　衆怪咸波　威羅萬像　变化無為

飛身跨鳳

飛手蹤步 跨鳳騰空 紛紛威武 佈滿瑤瓊
斜提寶劍 氣蓋崢嶸 扭項觀視 威透斗宮

騎龍探海

江淮河漢 惟海為宗 千波逐湧 萬浪疊興
騎龍探試 雖濶能通 尋蛇撥草 漢祖遺踪

舞劍降魔

神功舞劍 降魔有靈 千妖遁跡 萬怪潛踪
隨身換勢 宇宙背驚 神威便轉 換斗移星

伍員舉鼎

伍員舉鼎 威振西秦 崆峒垂劍 秦楚割襟
百里授首 羸糧消魂 標名青史 萬代維新

鐵牛耕地

鐵牛耕地 神力無窮 頃時千里 片刻萬程
泰恒塌嶺 華岳頹峯 搜根拔樹 嶺阻山崩

藏刀引誘

藏刀建業 古有英雄 魚腸引誘 專諸立功

重鎧劃透 姮僚遂覺 取捉用法 探爪烏龍

踪身小讓

巧轉小讓 形勢微踪

飛騰變化 魚躍龍門 名標宇宙 威振乾坤

卞莊伏虎

伏虎傑士 首推卞莊 山前施勇 猛獸滅亡

形勢類此 神功內藏 狸猫捕鼠 魁勝疆場

白猿献菓

叠藤棒劍　形類白猿　勢如獻菓　氣度翩翩
蜻蜓點水　巧用機閃　克敵建業　奏凱而還

海底撈月

欲撈明月　探指海中　勢如山倒　振透水宮
隨浪捉蟒　逐波擒龍　神威浩蕩　千古稱雄

蘇秦背劍

戰國傑士　洛陽蘇秦　身背寶劍　遊說六君
職居首相　名振後昆　克敵用法　鷂子翻身

飛鳳展翅

丹山彩鳳 氣東陰陽 飛鳴虞殿 孤立高崗
展翅萬里 六儀呈祥 尋梅花地 宇宙輝煌

巧定南針

神威變化 妙隱五行 勢分內外 機發中宮
隨身運用 人面玲瓏 光定南極 金霧萬重

推窗望月

天邊明月 溶若秋霜 千江掩映 萬戶輝光

蹤身遙望　勢如推窗　夜入探海　斬將擒王

指劍迎星

星面雲漢　北極天中　伏身控背　指劍如星

合妙元妙　變化無窮　軟撩虛遞　建立勳功

黃架金樑

換身蹤背　橫架金樑　力托泰嶽　勇掌東洋

伏身進力　推倒金剛　名揚華夏　萬古流方

換身理伏

抽身變勢 埋伏奇能 翻身猛虎 迸若雷霆
英威建業 寶刀成功 細叅元妙 由野縱橫、

鎗刀合手說

鉈刀之制、有長短之別、故古人定制、遠者銃炮、次者弓矢、又次者鉈、再次者刀、此從前之定制也、然遠近長短、雖別孫吳之神奇、而尤不可逆、況今人乎、故鉈刀二器、有長短之分、倘或偶有所遇、又當知之何哉、特立一法以備施用、

避槍口訣歌

上蓋須防下　下撩防上攻　撥刀隨手意
悖拗必無功

避棒口訣歌

棒打須直入　其中遠近分　雖不得全體
得手便連身

遇重圍口訣歌

重圍之要在身法　出手須向便發處

躥跳閃躲須從順　敵人便是護身法
指東殺西雖有說　出手不須妄自誇
神氣向南須奔北　奇正相生總由他

合鎗口訣歌

刀敵長鎗藝業深　勝敗何須長短分
撲捉隨手須從順　騰挪刪聽要精心
得步進身須直入　鎗倒身邊可成功
果然臨時知遲慢　莫愁敵人是英雄

默識心法

攻敵要直進　那怕鎗臨身　護手沖拏巧

顧剪手隨身　掩纏擄拉住　拈杆不可鬆

有進無有退　閃躲心無功

進鎗上路使法

拈鎗進步外捧手　拈鎗進步裡捧手

得鎗先去手

進鎗中路使法

裏拿手捧鎗進　外拿手捧鎗進　得鎗先去手

外扎裡纏絲　裡扎外纏絲　得鎗進步先去手

進鎗下路使法

左撲刷剁　右拏手刷剁　得鎗進步先去手

裡拉跟鎗走　得鎗進步先去手

三韓于武著　男麒麟編次

單刀要

身如風中之柳　手似織錦之梭

眼快手脚裡外挪
進步發刀須下
進身急用兩三着
進身須看勢
掃腿須換步
發刀不容定勢
傷人左右遶週遭
出身須後看

捡手拈刀閃躲
刺刀用力難活
虛實連環难破
有空在發力
劈頂不相饒
換勢須防發刀
坐腿換身緊靠
引誘令他來

進身沽坐腿　变化展奇才
無門要開門　開門要進身
進身須要緊　靠住便贏人
大處用劈盖　小處用抱刀
刀尖必要用　順勢定難逃

四要

一要膽　二要眼　三要身法　四要剪

四忍

一恐身法不活

二恐眼不識勢

三恐手脚不快

四恐手脚散乱

單刀要法盡在于此

八人小攢營

雙龍出水
梨花乱舞
卞莊伏虎
仙人指路
丹鳳旧巢
團營金鎖
撤身見步

白蛇吐信　惡蟒穿林　白馬前歸
魁星戲斗　泰山壓頂三刀　燕子歸巢
猛虎翻身　張良進履　猛虎歸巢四刀
撥雲抱月　二虎爭飡　過嶺尋梅
变為八卦　泰山壓頂三刀　仙人雕世帘六刀
归為四卦　丹鳳展翅刀頭　猿猴摘菓刀
雙龍擺尾　勇力刺刀　退步三歸

進步撩刀　回身劈頂　橫架金樑　換身埋伏

收刀归對共三十二勢

道光二十五年十月

御製寶鍔宣威

神刀如意　跨虎生威　丹鳳留題　瑞氣斜輝

魚腸引誘　蝶翅離披　黄鶯捉雀　献劍鍾馗

抽樑換柱　变化無為　祥雲罩頂　迅若風吹

斜提寶劍　中心妙随　白猿献菓　紫燕穿帷

專正立功　鳳閣名垂

祥雲吉慶

神刀出鞘　蹤身跨虎　白馬剪蹄　進步復撩
轉身劈回　懷中抱月　鍾馗獻劍　抽樑換柱
過嶺尋梅　二虎爭食　藏刀隱誘　白猿獻菓
祥雲罩項　仙人指路　飛身跨鳳　妙藏神刀

撥雲望月

圯橋進履　惡蟒穿林　蹤身跨虎　推窗似望

祥雲罩頂 迅若風吹 拔樹尋根 轉身劈回
進步雙撩 拔樹尋根 轉身劈回 懷中抱月
二虎爭飡 過嶺尋梅 進步雙撩 仙人換彩
轉身劈回 進步雙撩 仙人換彩 轉身劈回
進步三撩 橫架金樑 換身埋伏 巧妙收刀

鍔妙無窮

斜提寶劍 勇力刺刀 仙人探背 腰讓蟠花
变化無為 轉身劈回 抱月停鋒 進步三撩

魁星戲斗 猛虎归巢 霸王舉鼎 跨虎生威

巧舞神刀

金龍探爪 飛身跨虎 藏刀引誘 勇刀刺刀

翻身劈回 变化無為 過嶺尋梅 猛虎归巢四刀

仙人指路 懷中抱月 鍾馗獻劍 撤刀砍項

翻身劈回 祥雲罩頂 猛虎归巢

寶銳神威

把橋進履 退步三归 張梁進履 撤身劈回

祥雲罩頂　魁星戲斗　勒馬停鋒　斜提寶劍
中心妙隨　白猿献菓　丹鳳留巢　懷中抱月
二虎爭飡　鍾馗献劍　跨虎生威　勇力刺刀
進步單撩　横架金樑　换身埋伏　夜掉探海
猛虎归巢　托刀引誘

一 神刀出鞘

二 縱身跨虎

三 仙人指路

四 白馬剪蹄

五 腰讓蟠花

六 抱月停鋒

七 鍾馗獻劍

十二 順 巧定南針

卅一 推窗望月

十九 飛鳳展翅

廿二 指劍迎星

十三 巧定南針

十七 海底撈月

八 飛身跨鳳

十五 下莊伏虎

十八 蘇秦背劍

十六 白猿獻菓

十 垂劍降魔

九 騎龍探海

十二 鐵牛耕地

十三 藏刀引誘

廿三 橫架金樑

十四 踏身小讓

廿四 換身埋伏

十一 五員舉鼎

廿四 換身埋伏

单刀谱校释

万代传流（流传）〔一〕单刀谱

康熙四十四年乙酉仲春二十日

奉旨著（着）〔二〕成立技勇刀总论

序

神农氏始作刀剑弓矢之利，以威天下。自古之人必有善其术者，以之护卫国家；立法度以为内卫护御之备，留传万代。奉旨著选习刀剑器械者，重加官职以传近御技勇，该处严选不拘年分（份）〔三〕。钦此！

于康熙五十四年乙未科，有［山］〔四〕左何端柱，字飞鹏，蒙恩典，赐御前侍卫。殿试，见其人

〔一〕传流，据文义，应为『流传』之误。

〔二〕著，旧同『着』字。后同。

〔三〕分，据文义，当作『份』字。

〔四〕山，据海南出版社出版故宫博物院编故宫珍本丛刊·万代流传单刀谱（后文凡引此书，简称故宫珍本丛刊·万代流传单刀谱，不再注明版本）所补。山左，特指山东省。因在太行山之左（东），故称。

激昂慷慨，艺业精细，心怀中正，膂力过人，特旨著交畅春园参将李三友，一并习学器械。钦此！

二人谨遵圣旨，昼夜纯练，苦志习学，朝夕不辍。后刀剑纯熟，诸器精蕴，世无可比。有当朝顺成郡王锡保，天锡（赐）〔一〕神威，膂力过人，善好武艺，又访智料〔二〕兼全之人，一同抡刀抚剑。后访参将李三友，艺业过人。言及初学艺业，不想〔三〕俱系孙艳魁之徒。于是此三人同心演习，日久变化无边，世间罕有，俱系忠勇之心，以立世业。后有晋阳人，姓于，名五著，字麒麟，诸器皆通，尤工〔四〕刀法，门下有五〈十〉〔五〕人，名：哪海、麒彪、常有、张茂、SN柱，此五人俱系参游之职。顺成郡王闻此六人，即奏请调京。皇上闻奏甚喜，即降旨着此六人即速进京听候选用。六人进〈见〉〔六〕京朝见。世宗宪皇帝见此六人虎背熊腰，胸藏韬略，特旨著（着）此六人与顺成郡王锡保〈天〉〔七〕、何飞鹏、李三友在紫光阁共演武艺，刀剑、步阵之法。是日，皇上亲阅，八人呈演，各逞威能，以献刀法之门路，各有次序之用。圣人喜悦，将此八人重加升赏。于雍正三年乙巳仲春夏荷月〔八〕，特旨

〔一〕锡，据文义，当作『赐』字。
〔二〕智料，聪明。
〔三〕不想，想不到、出乎意料。
〔四〕工，善于、长于。如：工书善画、工于心计。
〔五〕十，据文义，应为衍文。
〔六〕见，据文义，应为衍文。
〔七〕天，据文义，应为衍文。
〔八〕荷月，即农历六月。

着此八人传与内卫太监，成立内卫技勇。钦此！

总管率领太监谢恩，各抒英勇情愿，习学以感圣恩。

序

粤〔一〕自神农氏始作刀剑弓矢之利，以威天下。上古之人必有善其术者，远莫能考。后虽代有其人，如处女、公孙氏〔二〕之属，而其法亦皆绝传，岂非千古之遗憾？钦惟吾！

夫子于穆公少年从戎之〔三〕闽中，遇有苏会元公者，善刀法。相与较论，奇妙出入意表。其法则有十二路，每路凡四刀法，极密，故嘉其艺而志焉。及还都之后，朝夕无暇，寝食不志，触类旁通，扩充变化，不畏演习、思索之烦，殚心竭力于斯，三十年而乃快然〔四〕〈而〉〔五〕曰：『吾于斯得之矣，乃法其无于蕴乎！』乃演为十二路，每路凡十刀，铭（名）〔六〕曰『刀法十二』。出没神奇，变化莫测，进退有序，攻守有法，虚中藏实，柔内隐刚，无退无进，无守非攻，实实虚虚，莫可端倪。此诚发千古之密秘〔七〕，复湮没之绝学者也！功诚大矣！

〔一〕粤，助词，用于句首或句中。

〔二〕处女，即吴越春秋中所记之越女；公孙氏，当指唐杜甫观公孙大娘弟子舞剑器行中的公孙大娘。

〔三〕之，有往之意，如：君将何之。

〔四〕快然，快乐如意的样子。

〔五〕而，据文义，应为衍文。

〔六〕铭，据文义，应为『名』字之误。

〔七〕密秘，隐蔽而不外露。

且吾夫子之刀法皆发自性成，正如庖丁之解牛〔一〕，由叔之命射〔二〕，无非此精神之通耳。彼世俗言刀者，顾可同日语哉？凡诸及门者，当熟习此刀法，不可中辍。至于精熟之极，自有得心应手之妙。故心未及思而手已能应发，已能中矣！有不知其然而然者，可谓得吾门之传授，应不负吾夫子立法之功、五十年于斯之苦心也！

时雍正乙巳孟春门人秦元之谨序

刀法目录

四门金斗十六架，十二势歌，砍刀十二路，无门开门【进手连刀法廿法，上诱十二法，下诱八法】〔三〕，捡手口诀歌，虚捡口诀歌，伏掌口诀歌，剁项口诀歌，拈刀口诀歌，砍腿口诀歌，劈面口诀歌，使手八法，使手去手二十八法，使手使腿十六法〔四〕，身形使手四十四法，撤手使手十五法〔五〕，志意诀，慎重歌诀〔六〕，如意金刀二十四势，如意金刀二十四赞，枪刀合手说，避枪口诀歌，避棒口诀歌，遇重围口诀歌，

〔一〕庖丁之解牛，典出庄子·养生主。后比喻技术纯熟、高超，做事能得心应手，运用自如。
〔二〕由叔之命射，典出战国策。西汉刘向战国策·西周策：『楚有养由基者，善射，去柳叶百步而射之，百发百中。』
〔三〕后文与本句略有不同。
〔四〕使手使腿十六法，后文中为『使腿使手十六法』。
〔五〕撤手使手十五法，后文中为『撤手使手十五法』。
〔六〕慎重歌诀，后文中为『慎重歌』。

合枪口诀歌，默识心法，进枪上中下三路〔一〕【使法】，单刀要法，四要，四恐。

四门金斗十六架

圯桥进履〔二〕，退步三归，白蛇弄风，黄鹰展翅，恶蟒穿林，踏足三归，梨花乱舞，隐势观风，藏花半朵，隐势单鞭，清云补月，托山舞花，拨云抱月，二虎争餐，过岭寻梅。

十二食（势）〔三〕歌

初定势怀中抱月，青龙戏水因潮。猛虎夺食下山高，倒掖耕犁奇巧。

按中央夜乂（叉）〔四〕探海，仙人指路逍遥。霸王举举（鼎）〔五〕勇力骁，勒马停锋发号。

掣身势魁星戏斗，急翻身猛虎归巢。托刀引诱逞英豪，十二势包藏其妙。

上四路死手变化歌

丹凤展翅欲朝阳，金龙探爪有神光。泰山压顶身难保，猛虎归巢世无双。

〔一〕进枪上中下三路，后文中为『进枪上路使法……进枪中路使法……进枪下路使法』。

〔二〕圯桥进履，典出史记·留侯世家。此典指张良将老人掉在桥下的鞋子拾起来，给老人穿上。后以此典故表示尊老受教。

〔三〕食，据前后文义，应为『势』字之误。

〔四〕乂，据文义，应为『叉』字之误。后同。

〔五〕举，据文义，应为『鼎』字之误。

中四路死手变化歌

燕子抄水是栏（拦）〔一〕腰，仙人解带隐神刀。白蛇吐信穿心过，蛟龙出水自翻潮。

下四路死手变化歌

拔树搜根是撩膝，仙人换影人怎知。猿猴摘果藏奇妙，叶里寻花自有机。

【砍刀十二路】〔二〕

第一路　丹凤展翅【圈里】

我有进步发刀砍项，他有侧身进步鎈（搓）〔三〕腕。我有跨步伏身撒刀扫腿，他有进步伏身提刀撩腕。

我有软腕提刀转步捡手，他有偷步蹲身拔腕提刀撩腹。

我有侧身退步发刀砍项，他有闪身进步直刀剪腕。

我有跨步伏身撒刀扫腿，他有进步伏身提刀盖剪腕。我有提刀出刀合刀架势。

第二路　金龙探爪

我有发刀进步砍项，他有侧身直刀剪腕。我有伏身跨步撒刀扫腿，他有进步侧身提刀扫腕。

〔一〕栏，据文义，应为『拦』字之误。

〔二〕砍刀十二路，据前文『刀法目录』所补。

〔三〕鎈，据文义，似为『搓』字之误。

我有偷手搅刀扫身剪腕，他有挂刀转步平刀鎈（搓）喉。
我有砰刀跨步闪身捡手，他有软腕垂刀跨步别腕刺肋。
我有撒手退步撒刀砍项，他有侧身偷步提刀扫腕。我有翻手提刀合刀架势。

第三路　泰山压顶【圈外】

我有发刀进步剁顶，他有侧身进步篷刀托腕。
我有退步蹲身提儿（刀）[一]刺肋，他有偷身移步直刀劈肩。
我有跨步闪身扫腿，他有转步伏身提刀撩腕。我有偷手搅刀跨步直刀劈面，他有侧身转步提刀撩腕。
我有侧身偷步提刀撩腕，他有侧身转步提刀撩腕。我有出手合刀架刀。

第四路　猛虎归巢【圈外】

我有进步发刀剁项，他有侧身进步篷刀托腕。
我有侧身转步击刀撩腕，他有偷手搅刀拧[二]身跨步平喉刀鎈（搓）。
我有收步闪身跨步平刀反鎈（搓），他有蹲身跪腿直刀剪腕。
我有跨步伏身撒刀撩膝，他有起身转步伏身提刀撩腕。
我有偷手跨步伏身横刀砍膝，他有侧身退步撒刀砍项。我有退步翻身合刀架刀。

〔一〕儿，据文义，应为『刀』字之误。
〔二〕拧，原谱中此字缺笔，应是避清道光帝名字中的『旻宁』之讳。

第五路　燕子抄水【圈外】

我有进步发刀拦腰，他有侧身进步插刀剪腕。

我有垂刀移步蹲身盖刀剪腕，他有挂刀转步平刀鎈（搓）喉。

我有翻身跪腿直刀剪腕，他有跨步伏身撒刀撩肋。我有起身转步提刀撩胯，他有退步侧身提刀撩腕。

我有移步蹲身撩腕刺肋，他有转步闪身翻刀砍项。我有翻手合刀架刀。

第六路　仙人解带【圈外】

我有进步发刀拦腰，他有侧身进步提刀剪腕。

我有偷步合肩蓝（拦）[一]刀剪腕，他有转步跳腿切刀刺腹。

我有闪身跨步平刀拦肋，他有侧身退步提刀撩胯。我有退步提刀撩腕，他有转步提刀撩腕。

我有跳腿转步砰刀刺胸，他有侧身退步翻刀砍项。我有退步出手合刀架刀。

第七路　白蛇吐信【圈里】

我有进步发刀刺肋，他有侧身进步逼刀反刺。

我有侧身掂刀上步平刀鎈（搓）喉，他有蹲身跪腿直刀剪腕。

我有跨步闪身撤刀扫腿，他有起身转步伏身提刀撩腕。

我有跳腿转步砰刀蹲身刺胸，他有侧身退步翻刀砍项。

[一] 蓝，据文义，疑为『拦』字之误。故宫珍本丛刊・万代流传单刀谱作『盖』字。

我有闪身上步撩腕，他有侧身提刀撩腕。我有出手合刀架刀。

第八路　蛟龙出水【圈外】

我有进步发刀刺肋，他有进步刷刀反刺。我有换腿乂（叉）步翻刀拦肋，他有转步翻身提刀撩腕。

我有闪身抱刀横刀砍膝，他有转步撤刀剁顶。我有伏身抱刀进步刺喉，他有侧身退步翻手避刀持刺。

我有出身合刀架刀。

第九路　拔树寻根【圈里】

我有进步提刀撩膝，他有进步提刀撩腕。我有挂刀蹲身进步捡手，他有托手转步刺喉。

我有垂刀偷步插腿别腕刺肋，他有出身转步直刀刺腹。

我有翻手刷刀跨步平刀拦肋，他有侧身转步提刀撩腕。

我有拳手转步拈刀刺喉，他有出身退步撤刀砍项。我有退步合刀架刀。

第十路　仙人换影【圈外】

我有进步提刀撩膝，他有进步提刀撩腕。我有偷步合肩盖腕，他有侧身跨步拦肋。

我有闪身转步撤刀砍项，他有上步插刀剪腕。我有换步抽刀捡手，他有转肘偷步插腿砍项。

我有出身转步撤刀剁项，他有击挑进步篷刀托腕。我有翻手合刀架力（刀）〔一〕。

〔一〕力，据文义，应为『刀』字之误。

第十一路　猿猴摘果【圈里】

我有进步提刀撩阴，他有进步提刀撩腕刺肋。我有合手捧刀跨步鎈（搓）喉，他有蹲身跪右腿刺胸。

我有闪手侧耳撒刀撩肋，他有翻身换跪左腿提刀撩腕。

我有蹲身跪右腿直刀剪腕，他有跨步撒刀撩肋。

我有翻身换跪左腿提刀撩腕，他有偷手跨步撒刀撩肋。我有起身退步撒刀砍项，他有退步合刀架刀。

第十二路　叶里寻花【圈外】

我有进步提刀撩阴，他有进步提刀撩腕刺肋。我有蹲身跪左腿篷刀刺腹，他有蹲身跪右腿直刀劈肩。

我有起身跨步撒刀扫腿，他有换跪左腿直刀撩腕。

我有偷手搅刀跨步平刀鎈（搓）喉，他有拈刀翻身进步反鎈（搓）喉。

我有蹲身跪右腿直刀剪腕，他有跨步撒刀撩肋。

我有翻身换跪左腿提刀撩腕，他有偷手跨步撒刀撩肋。

我有起身退步撒刀砍项，他有退步翻手合刀架刀。

无门开门进手连刀法

【二十法：上诱十二法，下诱八法】

圈里缠丝，圈外缠丝；圈里砰扎，圈外砰扎；圈里串扎，圈外串扎；圈里硬揜，圈外硬揜。

上诱下扎【里】，上诱下扎【外】；切刀硬进【里】，切刀硬进【外】。

下诱上缠【里】，下诱上缠【外】；上诱下缠【里】，上诱下缠【外】。

刷刀硬进【里】，换扎硬进【外】。里哄里捡，外哄外捡。

捡手口诀歌

拨刀直入刺咽喉，须防侧闪刀不流（留）〔一〕。软避急伸埋伏手，翻刀劈项鬼神愁。

虚捡口诀歌

迎门直刺定有因，刀不留分随彼身。拈手进步高起手，散手发刀明假捡。

伏掌口诀歌

直刺咽喉须认清，防备躲闪刀不停。刺腕拈刀出神掌，手下刀翻便成功。

剁项口诀歌

花刀转步是枝叶，提刀须要有筋节。防备合手我刀翻，便是神仙直（真）〔二〕口诀。

〔一〕流，后文中的『虚捡口诀歌』改此字为『留』，当是。

〔二〕直，据文义，疑为『真』字之误。后同。

拈刀口诀歌

拈刀偷腕要精诚，口诀合刀要认清。翻身劈项须连下，蹿跳出身定有功。

砍腿口诀歌

撒刀砍项有精神，防备进步要认直（真）。彼要起腿我刀下，急步出身定成功。

劈面口诀歌

直刀刺眼须认清，引见膝那直进身。软腕翻手押刀背，直刀劈面果超群。

使手八法

删砍劈剁，削耳撩腮，圈里钩刀，剁项撩刀，进步立势，撩刀提腕，进步剪腕，滑刀跳扎。

使手去手二十八法

里扎外剁，你扎我外剁；外扎里剁，你剁我里扎。

里扎外提腕，你扎提，我撩腕；外扎里提腕，你扎撩，我提腕。

扎剁里缠腕，你缠我撩腕，你缠我上步下手捻。

下空上扎里，挂刀反刺外；下空上扎外，挂刀反［刺］〔一〕里。

圈里躥涧，软腕偷手外盖；圈外躥涧，软腕偷手外剪。

圈里跳涧，软架立劈里；圈外跳涧，软架立劈外。

扎剁代赞（钻）〔二〕，软腕反赞（钻）剁肩；外扎里赞（钻），假捡剁顶。

使腿使手十六法

砍项带腿，换步盖腕，里伏掌外砍，转身下步边刀，外伏掌里砍，转身下步删刀，里搅外扎，下步里软盖，外搅里扎，下步外软盖，圈里缠丝，圈里外捡手，圈外缠丝，圈外里捡手，里诱带腿，外诱带腿。

身形使手四十四法

海底捞月，偷天换日，观音透心凉，跨步仙人换，上劈下撩，下撩上盖，圈里空扎，逼刀反刺外，圈外空扎，逼刀反刺里，里扎外撩，反面撩刀，外扎里撩，背反提刀，上扎里砍腿，换腿外盖面，上扎外砍腿，换腿里盖腕，下扎上劈，退步倒提腕，下扎上盖，偷步反撩腕，鹞子穿林，猛虎翻身，乌龙摆尾，

〔一〕刺，据文义所补。
〔二〕赞，故宫珍本丛刊·万代流传单刀谱作『钻』字，当是。后同。

到（倒）〔一〕乌龙摆尾，圈里直扎，压腕立劈，外扎反砍腿，篷刀反砍腿，撩刀反砍腕，篷刀反砍外，圈里止（上）〔二〕步换手，圈外上步换手，转身进步换手，坐山换手，撤身换手，撩刀撤身换手，边刀撤身，进步撩刀，撤身下步劈，串手左右扎，切刀搬钻里删，切滑搬钻外删。

撒手使手十五法

抽梁换柱，巧女纫针，仙人换影，狸猫捕鼠，虚捡假夺，猿猴献果，蝴蝶戏梅，二仙传道，捡手法，拈刀法，搅缠法，软腕法，拈刀进身法，扑拿法，拉扯法。删、砍、劈、剁、削、耳、撩、腮，此乃刀之八法。

志意诀

时习工（功）〔三〕夫不可忘，身心纯熟更为强。若能省悟传授意，何愁声名世不扬。

慎重歌

胸藏艺业莫轻狂，若遇私仇手莫扬。直到阵前方展动，功名青史万年香。

〔一〕到，故宫珍本丛刊·万代流传单刀谱作『倒』字，当是。

〔二〕止，故宫珍本丛刊·万代流传单刀谱作『上』字，当是。

〔三〕工，古文中通『功』字。

如意金刀二十四势

如意金刀按五行，身随手眼任纵横。神刀出鞘霞光闪，旋身跨虎气峥嵘。

仙人遥指青云路，昂然白马剪蹄轻。翻花里脑单腰让，抱月停锋双手擎。

钟馗棒（捧）〔一〕献虹霓剑，飞身斜跨凤凰腾。骑龙探海千波涌，垂剑降魔万怪惊。

伍员举鼎赢（羸）〔二〕秦服，铁牛耕地泰山平。藏刀妙施引诱法，巧转微蹲小诱身。

屈体卞庄伏虎势，叠膝白猿献果形。探背海底捞明月，苏秦背剑转精神。

飞凤跨身单展翅，神功巧用定南针。惟（推）〔三〕窗似望天边月，指剑如迎北斗星。

横架金梁托泰岳，换身埋伏侧身形。形容大概皆在势，心手相通在精神。

看剑悟书方为妙，得意常习是高人。

如意金刀二十四赞

神刀出鞘

神刀如意，今古无双。首展出鞘，映日生光。

〔一〕棒，故宫珍本丛刊·万代流传单刀谱作『捧』字，当是。后同。

〔二〕赢，据文义，当作『羸』字。后同。

〔三〕惟，故宫珍本丛刊·万代流传单刀谱作『推』字，当是。

随形变化，运转多方。黄莺捉雀，元机内藏。

旋身跨虎

旋身变势，跨虎生威。毫光四射，瑞气斜挥（辉）〔一〕。神功巧用，双蝶戏梅。克敌取捷，丹凤留题。

仙人指路

改形换势，金刀变更。仙人探背，指路云程。移星换斗，默运神功。威灵（凌）〔二〕霄汉，气贯长虹。

白马剪蹄

唤名白马，转步生神。剪蹄翻刀，威猛难侵。敌人冲入，审辨应真。随进软盖，克建奇勋。

腰让蟠花

妙运元机，变为腰让。片片梨花，蟠花顶上。推剑拦腰，敌者胆丧。较比青虹，尤分下上。

抱月停锋

怀抱明月，斜停刚锋。身雄似虎，目洁如星。敌人魄散，斗士魂惊。乌龙摆尾，凤阁标名。

〔一〕挥，据文义，当作『辉』字。
〔二〕灵，故宫珍本丛刊·万代流传单刀谱作『凌』字，当是。

钟馗献剑

势名献剑，法本钟馗。层层瑞雾，包隐元机。诸魔匿影，众怪咸波〔一〕。威罗万像（象）〔二〕，变化无为。

飞身跨凤

飞手踪步，跨凤腾空。纷纷威武，布满瑶琼。斜提宝剑，气盖峥嵘。扭项睨视，威透斗宫。

骑龙探海

江淮河汉，惟海为宗。千波逐涌，万浪叠兴。骑龙探试，虽阔能通。寻蛇拨草，汉祖遗踪。

垂剑降魔

神功垂剑，降魔有灵。千妖遁迹，万怪潜踪。随身换势，宇宙皆惊。神威便转，换斗移星。

伍员举鼎

伍员举鼎，威振西秦。崆峒垂剑，秦楚割襟。百里授首，嬴穆消魂。标名青史，万代维新。

铁牛耕地

铁牛耕地，神力无穷。顷时千里，片刻万程。泰恒塌岭，华岳颓峰。搜根拔树，岭阻山崩。

〔一〕波，故宫珍本丛刊·万代流传单刀谱作『拔』字，待考。

〔二〕像，据文义，当作『象』字。

藏刀引诱

藏刀建业，古有英雄。鱼肠[一]引诱，专诸立功。

重铠划透，姬僚遂薨。取捷用法，探爪乌龙。

蹲身小让

巧转小让，形势微蹲。飞腾变化，鱼跃龙门。名标宇宙，威振乾坤。

卞庄伏虎

伏虎杰士，首推卞庄。山前施勇，猛兽灭亡。形势类此，神功内藏。狸猫捕鼠，魁胜疆场。

白猿献果

叠膝棒（捧）剑，形类白猿。势如献果，气度翩翩。蜻蜓点水，巧用机关。克敌建业，奏凯而还。

海底捞月

欲捞明月，探背海中。势如山倒，振透水宫。随浪捉蟒，逐波拴龙。神威浩荡，千古称雄。

苏秦背剑

战国杰士，洛阳苏秦。身背宝剑，游说六君。职居首相，名振后昆[二]。克敌用法，鹞子翻身。

[一] 鱼肠，指鱼肠剑，古宝剑名。

[二] 后昆，后代，后嗣。

飞凤展翅

丹山彩凤，气东（秉）[一]阴阳。飞鸣虞殿，孤立高岗。展翅万里，六仪呈祥。寻梅花地，宇宙辉煌。

巧定南针

神威变化，妙隐五行。势分内外，机发中宫。

随身运用，人（八）[二]面玲珑。光定南极，金雾万里。

推窗望月

天边明月，溶若秋霜。千江掩映，万户辉光。

踪（纵）[三]身遥望，势如推窗。夜乂（叉）探海，斩将捦王。

指剑迎星

星面云汉，北极天中。伏身控背，指剑如星。合妙[四]元妙，变化无穷。软撩虚递，建立勋功。

〔一〕东，故宫珍本丛刊·万代流传单刀谱作『秉』字，当是。

〔二〕人，据文义，应为『八』字之误。

〔三〕踪，据文义，当作『纵』字。后同。

〔四〕妙，故宫珍本丛刊·万代流传单刀谱作『融』字。

黄（横）〔一〕架金梁

换身踪背，横架金梁。力托泰狱（岳）〔二〕，勇掌东洋。伏身进力，推倒金刚。名扬华夏，万古流方（芳）〔三〕。

换身埋伏

抽身变势，埋伏奇能。翻身猛虎，迅若雷霆。英威建业，宝刀成功。细参元妙，甸野纵横。

枪刀合手说

枪刀之制，有长短之别。故古人定制，远者铳炮，次者弓矢，又次者枪，再次者刀，此从前之定制也。然远近长短，虽别孙吴之神奇，而尤不可逆，况今人乎？故枪、刀二器，有长短之分，倘或偶有所遇，又当如之何哉？特立一法，以备施用。

避枪口诀歌

上盖须防下，下撩防上攻。拨刀随手意，悖拗必无功。

〔一〕黄，故宫珍本丛刊·万代流传单刀谱作『横』字，当是。

〔二〕狱，故宫珍本丛刊·万代流传单刀谱作『岳』字，当是。

〔三〕方，据文义，应为『芳』字之误。

避棒口诀歌

棒打须直入，其中远近分。虽不得全体，得手便连身。

遇重围口诀歌

重围之要在身法，出手须向便发处。蹿跳闪躲须从顺，敌人便是护身法。
指东杀西虽有说，出手不须妄自夸。神气向南须奔北，奇正相生总由他。

合枪口诀歌

刀敌长枪艺业深，胜败何须长短分。扑捉随手须从顺，腾挪删（闪）〔一〕躲要精心。
得步进身须直入，枪倒身边可成功。果然临时知迟慢，莫愁敌人是英雄。

默识心法

攻敌要直进，那（哪）〔二〕怕枪临身。护手冲拿巧，愿剪手随身。
掩缠搅拉住，掂杆不可松。有进无有退，闪躲心无功。

〔一〕删，据文义，应为『闪』字之误。
〔二〕那，据文义，当作『哪』字。

进枪上路使法

拈枪进步外捧手，拈枪进步里捧手，得枪先去手。

进枪中路使法

里拿捧枪进，外拿捧枪进，得枪先去手。外扎里缠丝，里扎外缠丝，得枪进步先去手。

进枪下路使法

左扑刷剁，右拿刷剁，得枪进步先去手。里拉跟枪走，得枪进步先去手。

三韩于武著【男】麒麟编次

单刀要［法］〔一〕

身如风中之柳，手似织锦之梭。眼快手脚里外挪，捡手拈刀闪躲。

进步发刀须下，刺刀用力难活。进身急用两三着，虚实连环难破。

进身须看势，有空在（再）〔二〕发刀。扫腿须换步，劈顶不相饶。

〔一〕法，据文义所补。

〔二〕在，据文义，应为『再』字之误。

发刀不容定势，换势须防发刀。伤人左右绕周遭，坐腿挨身紧靠。

出身须后看，引诱令他来。进身防坐腿，变化展奇才。

无门要开门，开门要进身。进身须要紧，靠住便赢（赢）人。

大处用劈盖，小处有抱刀。刀尖必要用，顺势定难逃。

四要

一要胆，二要眼，三要身法，四要剪。

四恐

一恐身法不活，二恐眼不识势，三恐手脚不快，四恐手脚散乱。

单刀要法尽在于此！

八人小攒营

双龙出水，白蛇吐信，恶蟒穿林，白马剪蹄，梨花乱舞，魁星戏斗，泰山压顶【三刀】，燕子归巢，下庄伏虎，猛虎翻身，张良进履，猛虎归巢【四刀】，仙人指路，拨云抱月，二虎争餐，过岭寻梅，丹凤归巢，变为八卦，泰山压顶【三刀】，仙人解带【六刀】，团营金锁，归为四卦，丹凤展翅【头刀】，猿猴摘果【十一刀】，撤身见步，双龙摆尾，勇力刺刀，退步三归，进步撩刀，回身劈顶，横架金梁，换身埋伏。收刀归对，共三十二势。

道光二十五年十月

御制宝锷宣威

神刀如意，跨虎生威。丹凤留题，瑞气斜辉。鱼肠引诱，蝶翅离披。黄莺捉雀，献剑钟馗。抽梁换柱，变化无为。祥云罩顶，迅若风吹。斜提宝剑，中心妙随。白猿献果，紫燕穿帷。专正立功，凤阁名垂。

祥云吉庆

神刀出鞘，旋身跨虎。白马剪蹄，进步双撩。转身劈回，怀中抱月。钟馗献剑，抽梁换柱。过岭寻梅，二虎争食。藏刀隐诱，白猿献果。祥云罩项（顶）〔一〕，仙人指路。飞身跨凤，妙藏神刀。

拨云望月

把桥进履，恶蟒穿林。旋身跨虎，推窗似望。祥云罩顶，迅若风吹。拔树寻根，转身劈回。

〔一〕项，据文义，应为『顶』字之误。

进步双撩，拔树寻根。转身劈回，怀中抱月。二虎争餐，过岭寻梅。进步双撩，仙人换彩。转身劈回，进步双撩。仙人换彩，转身劈回。进步三撩，横架金梁。换身埋伏，巧妙收刀。

锷妙无穷

斜提宝剑，勇力刺刀。仙人探背，腰让蟠花。变化无为，转身劈回。抱月停锋，进步三撩。魁星戏斗，猛虎归巢。霸王举鼎，跨虎生威。

巧舞神刀

金龙探爪，飞身跨虎。藏刀引诱，勇力刺刀。翻身劈回，变化无为。过岭寻梅，猛虎归巢【四刀】。仙人指路，怀中抱月。钟馗献剑，撤刀砍项。翻身劈回，祥云罩顶，猛虎归巢。

宝锐神威

圯桥进履，退步三归。张梁（良）〔一〕进履，撤身劈回。祥云罩顶，魁星戏斗。勒马停锋，斜提宝剑。中心妙随，白猿献果。丹凤留巢，怀中抱月。二虎争餐，钟馗献剑。跨虎生威，勇力刺刀。进步单撩，横架金梁。换身埋伏，夜插（叉）〔二〕探海。猛虎归巢，托刀引诱。

〔一〕梁，据文义，应为『良』字之误。

〔二〕插，据文义，应为『叉』字之误。

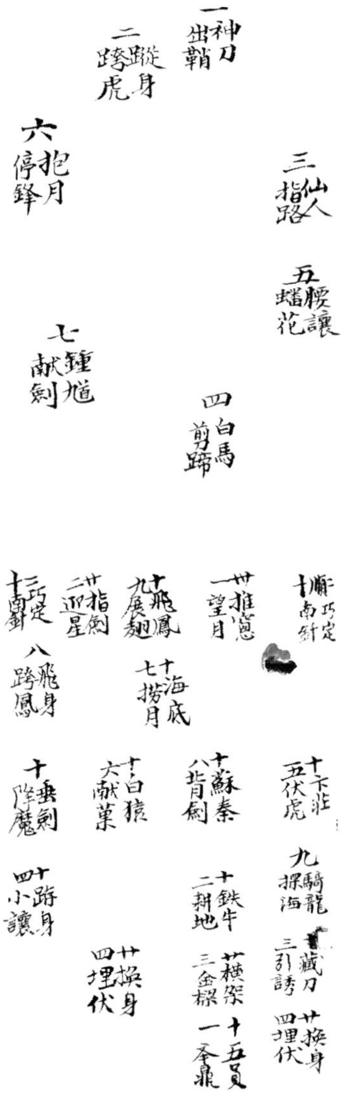

一神刀出鞘，二踪（纵）身跨虎，三仙人指路，四白马剪蹄，五腰让蟠花，六抱月停锋，七钟馗献剑，八飞身跨凤，九骑龙探海，十垂剑降魔，十一五（伍）[一]员举鼎，十二铁牛耕地，十三藏刀引诱，十四蹲身小让，十五下庄伏虎，十六白猿献果，十七海底捞月，十八苏秦背剑，十九飞凤展翅，二十巧定南针，廿〈十〉[二]一推窗望月，廿二指剑迎星，廿三横架金梁，廿四换身埋伏。

〔一〕五，古文中通『伍』字。
〔二〕十，据文义，应为衍文。

文武修

提要

文武修，一册，抄本，字体行、楷相间，共五十五页，具体抄录者姓名及抄录时间不详，然据捐献地有关专家鉴定，为『清光绪年间编写』。谱中有彩图五十二幅，其风格与清晚期的拳谱图籍类同。此谱于二十世纪八十年代由湖北省鄂西土家族苗族自治州（今为恩施土家族苗族自治州）的黄文彬捐献，现藏于中国武术研究院，院藏编号为G852.4-1。

此谱内容主要由拳法图式（如救主手、金鸡手、子午手、朝阳手、斗脚煞、飞步子、连环手、原庄势、金鸡势、卧虎势、朝阳势、黄龙势、三卖武、沉身蹽、火龙势、坐马枪、七星手、双板手、丢原庄、朝阳势等），『致命点穴诀法』以及器械（如打神鞭、春秋刀等）三部分组成；最后录有一贴中药方。

遗憾的是，谱中对所记述的拳法及『点穴诀法』介绍极为简略，故不少地方难以窥得其要。另外，所抄录的药方中有些药名书写粗陋，难以辨识，有的甚至书写有误，在一定程度上影响了人们对此谱的阅读。

文武修影印

文武修手本

右手打來。
迎風掌一破。
左手打來虎
豹掌一破。
拿脚起躦。
丟尔遠些。
双飛宝庄。
躦打隨跟。

揪主手

流星趕月勢
如梭追他魂
飛過九河店
却一起來風亂
繞單鎗匹馬
難逃脫

尔把拳打●踝子一破●退步去了●莲花掌破●他钗抻手●偷桃肘破●又进衅门●合口手破●

子午手

二人抻手
風曬翅。
陰陽手出。
虎豹搥、
一跌九瑰皮、
斧劈老君堂、
跟發摧步肘、
烏鴉就地飛。

朝陽手

五花石打•
破撩砍•
黑虎石鞭•
把路攔•
双舞劍走
實高强•
鳳点頭難
以遶撓•

鬪脚煞

名為飛步子。
我拿他邊門。
他若追步出。
急用內滾切。
打我上盤手。
披手摧連出。
滾肘拗步肘。
躦法隨後生。

飛步子

打我一搥。
忠魁点額。
他若退步，
拔實蹪跟。
月下偷桃。
無處可拿。

連環手

把手定庄。
呼擒（琴）上方。
進我邊門。
晒翅上窗。
打斷欄杆。
遊必有方。
無風自倒。
其尔貝張。

原庄勢

餓虎赴食。
扒他躦。
掃蓮高上
回心拳。
鷂子翻天。
勾煞出。
横手拱子。
取丹田。

金雞勢

二層打來
金架剪、
三角翻身
取丹田、
蛒螞跳井
鷂子勢、
謹防躦法
取井泉、

臥虎勢

火龍勢為奇能有幾人知一個朝天躦打盡豪傑士

朝陽勢

黄龍實進步難當、埋虎實須要謹防、下虎實看者不忙、黑虎實連打代恍、

黄龍勢

三人出隊
來引手。
抻勢擒拿
齊動手。
金鎗手。
銀鎗手。
武松打虎
双拱手。

叁賣武

打我一下。
此手一破。
若要退步。
為臣見駕。
他抻我手。
連繯搞手。
驚恍打身。
躦法肘行。

沉身⿰𧾷票

火龍實為奇。能有幾人曉。識得火龍勢。打盡尺下毫。

火龍勢

他搬我腳，躦法取心。他不退步，三板三躦。鯉魚三板，下山躥出。

火龍勢

他打一封●
白鶴点頭●
若遲不急●
勾煞一破●
擒住我手●
拗馬一破●

坐馬鎗

七星搥進
步難當
埋虎勢上
須謹防
看者拆恍
攔路虎
連打躦法

七星手

他打一搥
我今双撩
披手打進
肩膝肘襯
踃步一出
內切外滾

双板手

他打一搥。
仙人呼琴。
邉門進我。
打斷欄杆。
急推貫肘。
虎豹隨行。

丢原庄。

火龍勢更奇。世間知者稀。曉得火龍勢。四海誰敢欺。

朝陽勢

双掌打我。
下山崩出。
金錢掃地。
金鷄鬪力。
翻天印破。
躦法肘行。

坐緍庄

我庄逞神武・空拳能打虎・武松依然在・成效未作古・

出城飛

進我邊門，
張公撿箭，
濫泥撿柴，
牯牛搞欄，
迎門跌破，
白馬分鬃，
拋膝肘躦，
滚打內切。

岳家手

生我双手●
夫子拱手●
我進他身、
閑争爐起、
抓我胸前●
牯牛搞欄、
仙人捆柴●
應用飛躦●

夫子手

他打一下。
搭手勾煞。
若退一步。
拗馬軍破。
搶住我手。
迎風掌行。
隨躦取腎。
反手捶進。

勾連庄

五花實撩砍、
黑虎把路攔、
双舞箭發起、
白鶴点頭躦、

火龍勢

我發引手出、

生我搞攔肘、

代住連繯手、

快用虎豹躦、

連打冲天斗、

迎進送出手、

叁角身

他打双搥。
此手一破。
七星手破。
双扳双推。
他手不反。
三擺手破。
抛膝代躦。
肘滚隨行。

虎豹手

他打一搥、撩砍一破、進我邉門、後煞一破、金鷄晒翅、忠魁点額、他若退步、復心搥破、

金鷄勢

他打一搥、
挑肘當先、
雷打空心、
回馬鞭破、
釁門又來、
急用貫肘、
上手摽子、
車馬拋足、

提籃肘

他打一下、
獅子大大吒、
地毬實破、
若不退步、
坐馬鎗破、
內旬外煞、

順手牽

對敵兩交手、
速撈撩砍手、
脫印蓮花頭、
寸步又合肘、

双賣武

對敵子午手、凤劈齊向手、犀牛望月勢、打破並惡虎、

双賣武

他把我捉倒●
即用火光照●
上下撩砍勢●
迎門跌勿刀●
快用支子手●
抓住頂毛●
即發下山崩●
我用鐵閂造●

双賣武

赴勢扒地躦、掃地回心拳、鷂子翻天勢、拱子取丹天、

滚打庄

楗鎗棍而放●
龍頭蛇尾藏●
兩邊中勢煞●
柳絲無主張●
斜門下旁子●
匹馬出挑當●
雷打火風印●
謹防涌水鎗●

子午鎗

不怕棍而顛
單用打神鞭
吾拳上帝令
英雄喪黃泉
鞭打骨頭面
處處傷骨前
譜國傳授的
老虎噴吐涎

打神鞭

攪叉有四方，
棍而定高強。
殺進四方路，
絞步叉棍擋，
上下有出路，
打盡英雄將，
一團四方亮，
抵住勝高強。

破一方来
又一方、
易破四方
兩頭忙、
不怕英雄
惡棍鎗、
殺出四方
敵難當、

春秋刀

師傅傳的話。
先打眼睛打、
搌住承寸跌、
坐馬鎗肘法。
即用飛躦出、
内切外勾熱。
倒上橋連繯、
躦肘又滾打。

双打手

鎊打一条線
只要翻得圓

致命點穴訣法

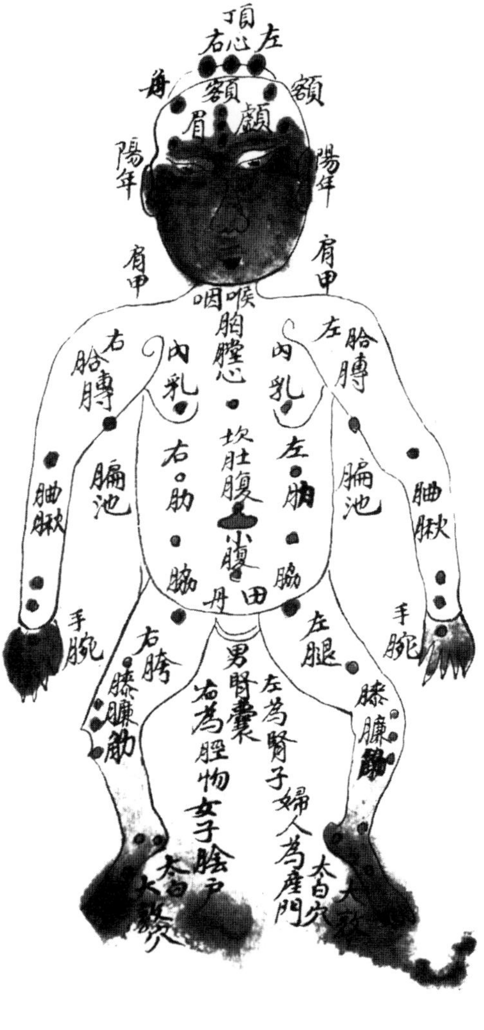

頂心
右
左
眉
陽年
陽年
肩甲
肩甲
咽喉
胸膛心
右
胳膊
左
胳膊
內乳
內乳
坎肚腹
右肋
左肋
臑池
臑池
小腹
丹田
手腕
手腕
右胯
左腿
男腎囊
右為脛物
左為腎子
女子陰戶
婦人為產門
太白穴

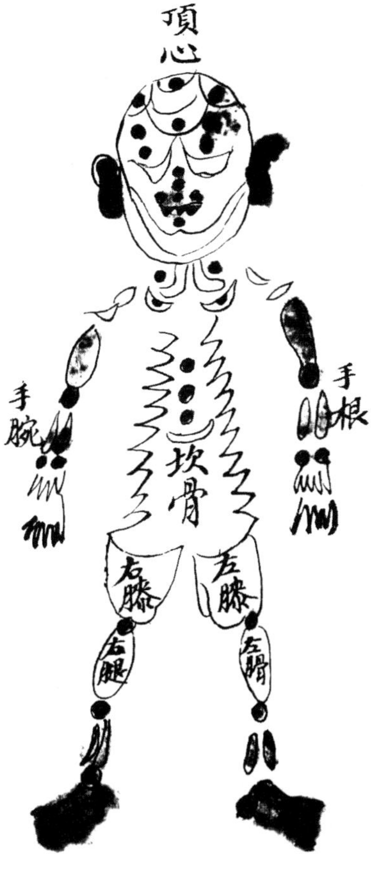
頂心
手腕
手根
坎骨
右膝
左膝
右腿
左腨

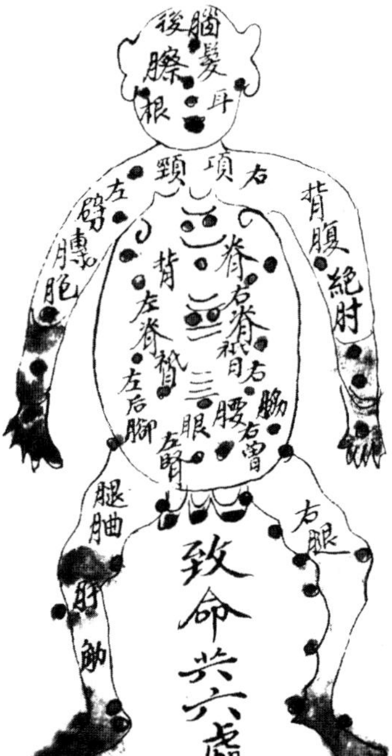
致命共六處

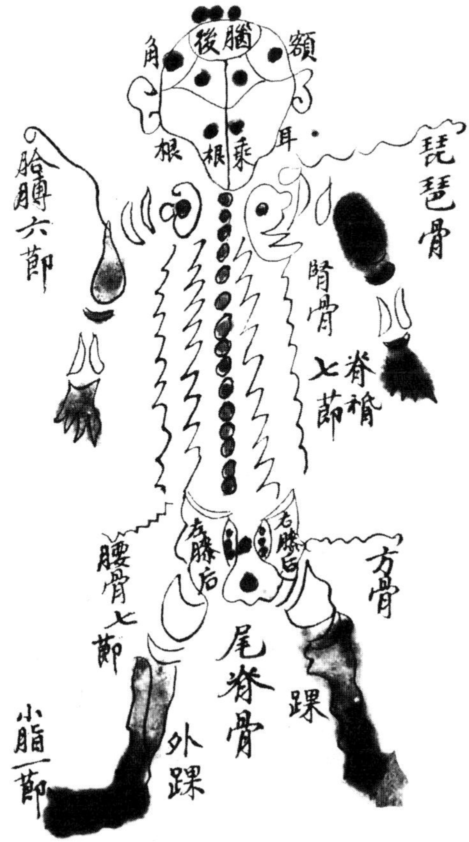

腦後
角
額
根
根
乘
耳
琵琶骨
胳膊六節
臂骨
七節
左膝后
右膝后
腰骨七節
方骨
尾脊骨
踝
外踝
小胻一節

銅壺手法妙。

外人莫亂傳。

留些〻留些。

節緊放心下。

要教徒弟高。

他打一搥、
連繯代肩、
傷他一盤、
擒手發躦、
托手赴食、
撩切代躦、
挑肘騰風、
滾打取田、

銅壺漏

鞭神　打釵　袖　砂

刀　秋　春　揽　棍

娃々敢名吽哪吒、
側身一滾把地扒、
左右两腳連繯躦、
下山崩来把腳叉、
白鶴登窩伸腳法、
内滾一跌下身抓、
撩陰切喉工夫大、
腰身傍庄跌步拿、
夫子拱手捆馬手、
圖形高上實滾打、

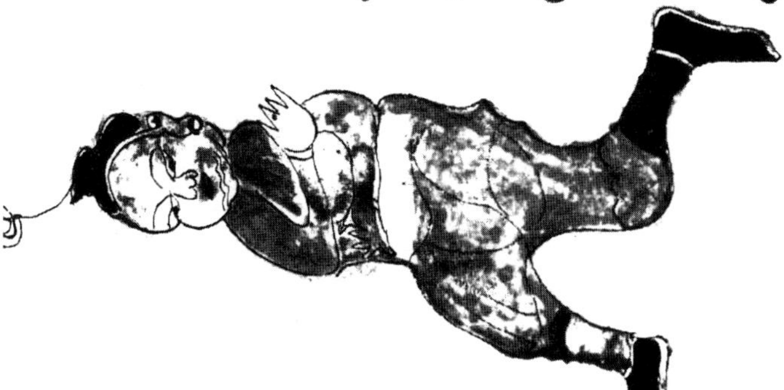

吕布一鎗定乾坤
三戟吕布
吕布手法

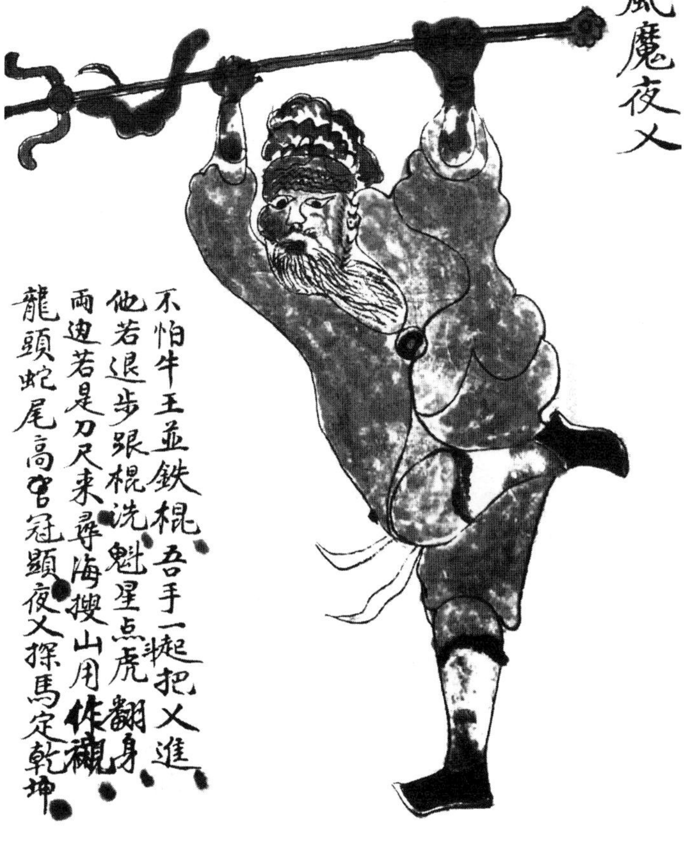
風魔夜叉
不怕牛王並鉄棍吾手一起把叉進
他若退步跟棍洗魁星点斗虎翻身
兩边若是刀尺来尋海搜山用作襯
龍頭蛇尾高吕冠顕夜叉探馬定乾坤

子午定一庄打盡天下降
打未申亥二方順之
戌
八卜定下剪
踢英雄郎
打卯辰巳代寅、丑二方順之
午
巳
辰
卯
寅
丑
子
亥
戌
酉
申
未

大党参 五分　益智仁 一钱　大南枣 卅
北建芪 一钱　法半夏 一钱　大粉草 一钱
云茯○ 五分　大寸冬 五分　银水 一钱
霍于术 一钱　北五味 一钱　上油桂 五分
淮熟地 二钱　天门冬 五分　真龟胶 一钱
全当归 三钱　建吉更 五分　真鹿胶 一钱
拣川芎 一钱　骨碎补 二钱
杭白芍 一钱　淮木通 五分
远志肉 五分　建泽泻 五分
酸枣仁 五分　大附片 一钱
山茱肉 一钱　公丁香 五分
淮山药 一钱　西砂仁 五分
净丹皮 五分　大元参 一钱
绵杜仲 二钱　炒知母 五分
补骨纸 一钱
广木香 五分 净色贡 廿

务祈照分秤足诸味品全

文武修校释

文武修〔一〕

救主手

右手打来，迎风掌一破。左手打来，虎豹掌一破。拿脚起躜，丢尔远些。双飞宝庄，躜打随跟。

金鸡手

流星赶月势，如梭追他魂。飞过九河店，却一起来风乱。绕单枪匹马，难逃脱。

〔一〕原谱『文武修』后面有『手本』二字。

子午手

尔把拳打，⿰𧾷票子一破。退步去了，莲花掌破。他钗抻手，偷桃肘破。又进黉门〔一〕，合口手破。

朝阳手

二人抻手风晒翅，阴阳手出虎豹捶。一跌九块皮，斧劈老君堂。跟发摧步肘，乌鸦就地飞。

斗脚煞

五花石打破撩砍，黑虎石鞭把路拦。双舞剑走实高强，凤点头难以绕挡。

〔一〕黉门，古代指学校的门。

飞步子

名为飞步子，我拿他边门。他若追步出，急用内滚切。打我上盘手，披手摧连出。滚肘拗步肘，躜法随后生。

连环手

打我一捶，忠魁（钟馗）〔一〕点额。他若退步，拔实躜跟。月下偷桃，无处可拿。

原庄势

把手定庄，呼琴上方。进我边门，晒翅上窗。打断栏杆，游必有方。无风自倒，其尔贝张。

〔一〕忠魁，似为『钟馗』之误。后同。

金鸡势

饿虎赴（扑）〔一〕食扒他蹼，扫莲高上回心拳。鹞子翻天勾煞出，横手拱子取丹田。

卧虎势

二层打来金架剪，三角翻身取丹田。蠄（蛤）蚂（蟆）〔二〕跳井鹞子势，谨防蹼法取井泉。

朝阳势

火龙势为奇，能有几人知。一个朝天蹼，打尽豪杰士。

〔一〕赴，据文义，应为『扑』字之误。
〔二〕蠄蚂，即蛤蟆，地方方言。

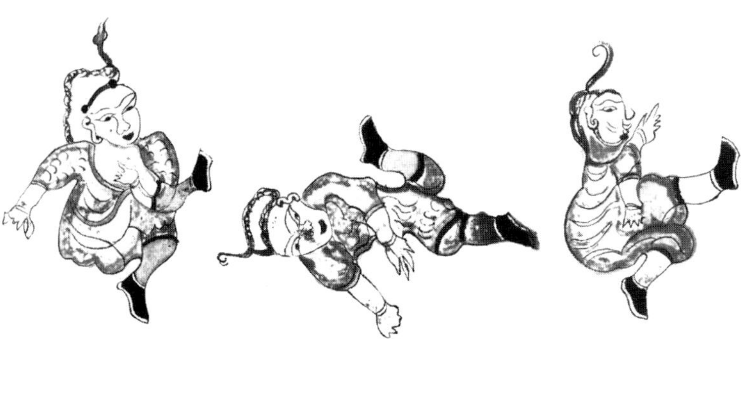

黄龙势

黄龙实进步难当，埋虎实须要谨防。下虎实看者不忙，黑虎实连打代恍。

三卖武

三人出队来引手，抻势擒拿齐动手。金枪手，银枪手，武松打虎双拱手。

沉身镖

打我一下，此手一破。若要退步，为臣见驾。他抻我手，连环搞手。惊恍打身，蹚法肘行。

火龙势〔一〕〔一〕

火龙实为奇，能有几人晓。识得火龙势，打尽尺下毫（豪）〔二〕。

火龙势〔二〕

他搬我脚，蹿法取心。他不退步，三板三蹿。鲤鱼三板，下山崩出。

坐马枪

他打一封，白鹤点头。若退不急，勾煞一破。搶（拴）〔三〕住我手，拗马一破。

〔一〕因此处『火龙势』前后有二势二图，故加『一、二』，以示区别。

〔二〕毫，据文义，似为『豪』字之误。

〔三〕搶，此字难以识别，据文义及前后文，似为『拴』字之误。后同。

七星手

七星捶进步难当，埋虎势上须谨防。看者拆恍拦路虎，连打蹪法 。

双板手

他打一捶，我今双撩。披手打进，肩膝肘衬。踃步一出，内切外滚。

丢原庄

他打一捶，仙人呼琴。边门进我，打断栏杆。急摧贯肘，虎豹随行。

朝阳势

火龙势更奇，世间知者稀。晓得火龙势，四海谁敢欺。

坐缗庄

双掌打我，下山崩出。金钱扫地，金鸡斗力。翻天印破，蹿法肘行。

出城飞

我庄逞神武，空拳能打虎。武松依然在，成效未作古。

岳家手

进我边门，张公捡箭。烂泥捡柴，牯牛搞栏。迎门跌破，白马分鬃。抛膝肘躜，滚打内切。

夫子手

生我双手，夫子拱手。我进他身，闲乎炉起。抓我胸前，牯牛搞栏。仙人捆柴，应用飞躜。

勾连庄

他打一下，搭手勾煞。若退一步，拗马军破。搶（拴）住我手，迎风掌行。随躜取肾，反手插进。

火龙势

五花实撩砍，黑虎把路拦。双舞箭发起，白鹤点头蹪。

三角身

我发引手出，生我搞拦肘。代住连环手，快用虎豹蹪。连打冲天斗，迎进送出手。

虎豹手

他打双捶，此手一破。七星手破，双扳双摧。他手不反，三摆手破。抛膝代蹪，肘滚随行。

金鸡势

他打一捶，撩砍一破。进我边门，后煞一破。金鸡晒翅，忠魁（钟馗）点额。他若退步，复心捶破。

提篮肘

他打一捶，挑肘当先。雷打空心，回马鞭破。黉门又来，急用贯肘。上手摽子，车马抛足。

顺手牵

他打一下，狮子大吒。地球实破，若不退步。坐马枪破，内勾外煞。

双卖武〔一〕〔一〕

对敌两交手，速擗（劈）〔二〕撩砍手。脱印莲花头，寸步又合肘。

双卖武〔二〕

对敌子午手，夙劈齐向手。犀牛望月势，打破并恶虎。

〔一〕此处『双卖武』前后有三处，故加『一、二、三』以示区别。

〔二〕擗，此字难以识别，据文义，应为『劈』字之误。

双卖武〔三〕

他把我捉倒，即用火光照。上下撩砍势，迎门跌匆刀。快用交子手，抓住顶□毛。即发下山崩，我用铁闩造。

滚打庄

赴势扒地蹼，扫地回心拳。鹞子翻天势，拱子取丹天（田）〔一〕。

〔一〕天，据文义，应为『田』字之误。

子午枪

捷枪棍而放，龙头蛇尾藏。两边中势煞，柳系无主张。斜门下旁子，匹马虫挑当。雷打火风印，谨防涌水枪。

打神鞭

不怕棍而（儿）[一]颠，单用打神鞭。吾拳上帝令，英雄丧黄泉。鞭打骨头面，处处伤骨前。谮国传授的，老虎喷吐涎。

〔一〕而，据文义，似为『儿』字之误。后同。

搅（镋）〔一〕乂（叉）〔二〕有四方，棍而（儿）定高强。杀进四方路，绞步乂（叉）棍⿰扌尚〔三〕。上下有出路，打尽英雄将。一圈四方亮，抵住胜高强。

〔四〕

春秋刀

破一方来又一方，易破四方两头忙。不怕英雄恶棍枪，杀出四方敌难当。

〔一〕搅，据后文图，应为『镋』字之误。后同。

〔二〕乂，据文义，应为『叉』字之误。后同。

〔三〕⿰扌尚，此字难以识别，待考。

〔四〕本段图文无标题。

双打手

师傅传的话，先打眼睛打。搌住承寸跌，坐马枪肘法。即用飞蹪出，内切外勾煞。倒上桥连环，蹪肘又滚打。

[illegible]〔一〕打一条线

尺要翻得圆

〔一〕[illegible]，此字难以识别，待考。

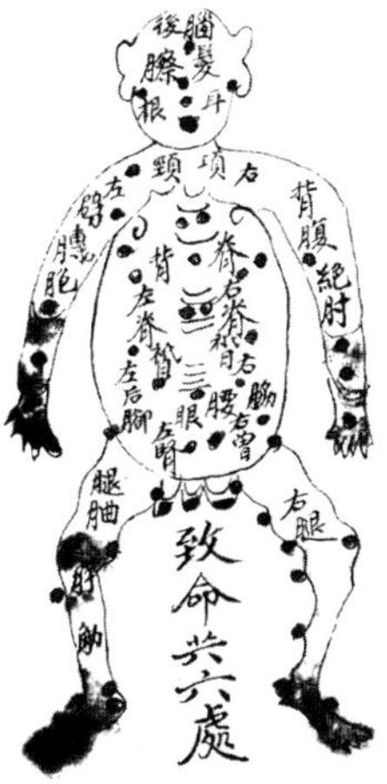
致命共六處

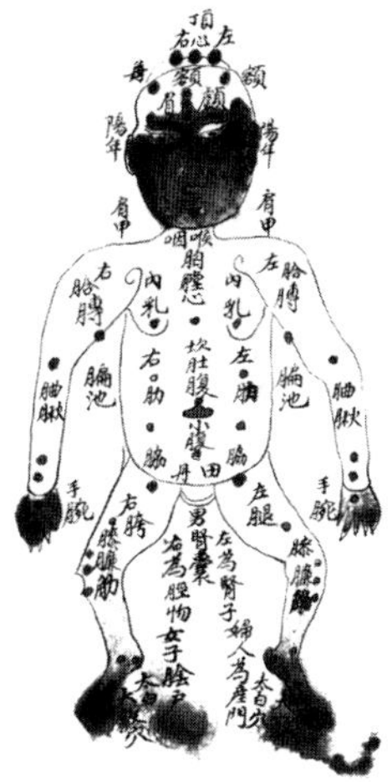

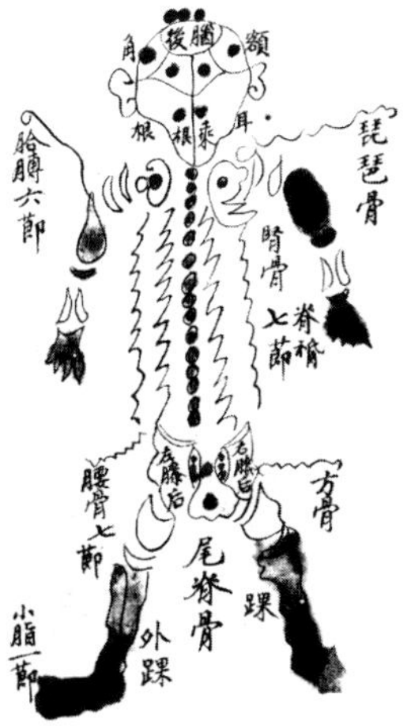
琵琶骨
方骨
尾脊骨
外踝

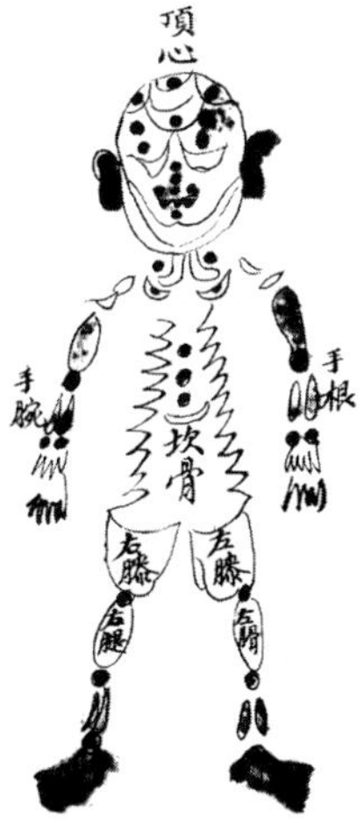
頂心
手腕
手根
坎骨

铜壶漏

铜壶手法妙，节紧放心下。外人莫乱传，要教徒弟高。【留些，留些！】他打一锤，连环代肩。伤他一盘，搶（拴）手发蹚。托手赴食，撩切代蹚。挑肘腾风，滚打取田。

砂（纱）袖剑（箭）〔一〕、打神鞭

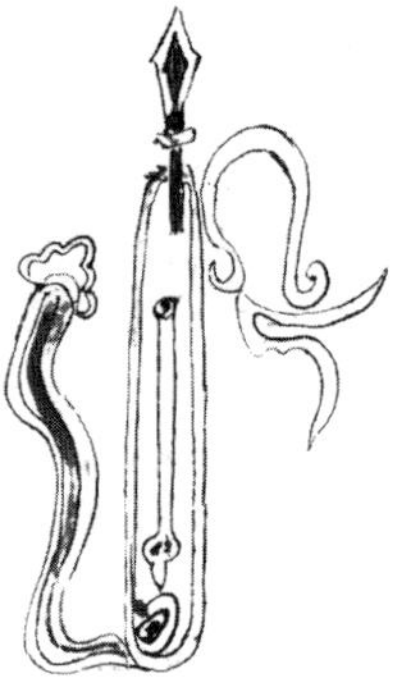

〔一〕砂袖剑，据文义及图形，似为『纱袖箭』。

棍、挡（铛）、春秋刀

【哪吒】〔一〕

娃娃取名叫哪吒，侧身一滚把地扒。左右两脚连环蹭，下山崩来把脚乂（叉）。白鹤登窝伸脚法，内滚一跌下身抓。撩阴切喉工（功）〔二〕夫大，腰身傍庄跌步拿。夫子拱手捆马手，图形高上实滚打。

〔一〕哪吒，据文义所补。
〔二〕工，古文中通『功』字。

［吕布］〔一〕

【吕布一枪定乾坤，三［英］〔二〕载（战）〔三〕吕布，吕布手法。】

风魔夜义（叉）

不怕牛王并铁棍，吾手一起把义（叉）进。他若退步跟棍洗，魁星点斗虎翻身。两边若是刀尺来，寻海搜山用作衬。龙头蛇尾高冠显，夜义（叉）探马定乾坤。

〔一〕吕布，据文义所补。

〔二〕英，据文义所补。

〔三〕载，据文义，应为『战』字之误。『三英战吕布』典出罗贯中三国演义第五回，描述了刘备、关羽、张飞三人与猛将吕布之间的战斗。

子午定一庄（桩）〔一〕，打尽天下降。八卦定一［桩］〔二〕，［脚］〔三〕踢英雄郎。【打未申亥二方顺之戌，打卯辰巳代寅丑二方顺之】〔四〕

大光乡〔五〕【三钱】，益智仁〔六〕【二两】，大南枣〔七〕【三十】，北建芪〔八〕【一两】，法半下（夏）〔九〕【一两】，大粉草〔一〇〕【一两】，云茯［苓］〔一一〕【五

〔一〕庄，据文义，应为『桩』字之误。
〔二〕桩，据文义所补。
〔三〕脚，据文义所补。
〔四〕本段图文无标题。
〔五〕大光乡，难考。
〔六〕益智仁，中药名，具有温脾、止泻、摄涎、暖肾、缩尿、固精的功效。
〔七〕南枣，浙江传统特产。采用优质青枣精制而成。
〔八〕建芪，难考。
〔九〕下，据文义，应为『夏』字之误。法半夏，中药名，具有燥湿化痰的功效。
〔一〇〕粉草，甘草的异名，甘草是中药材，具有益气补中、祛痰止咳、解毒、缓急止痛、缓和药性的功效。
〔一一〕苓，据文义所补。茯苓，中药名，具有利水渗湿、健脾、宁心安神的功效。

钱】，大寸冬〔一〕【五钱】，[illegible]〔二〕水【一两】，蕉子术〔三〕【一两】，北五味〔四〕【一两】，□油挂【五钱】，淮熟地〔五〕【二两】，天门冬〔六〕【五钱】，真龟胶〔七〕【一两】，全当归〔八〕【三两】，建吉（桔）更（梗）〔九〕【五钱】，真鹿胶〔一〇〕【一两】，抚川芎〔一一〕【一两】，骨碎补〔一二〕【二两】，杭白菊〔一三〕【一两】，淮木通〔一四〕【五钱】，远志〔一五〕肉【五钱】，建宅（泽）〔一六〕泻【五钱】，

〔一〕大寸冬，难考。

〔二〕[illegible]，此字难以识别，待考。

〔三〕蕉子术，难考。

〔四〕北五味，应指北五味子，北五味子是中药材，五味子具有收敛固涩、益气生津、宁心安神的功效。

〔五〕熟地，熟地黄的异名，熟地黄是一种中药材，具有补血滋阴、益精填髓的功效。

〔六〕天门冬，中药名，具有滋阴润燥、清肺降火的功效。

〔七〕龟胶，龟甲胶的异名，龟甲胶是一种中药材，具有滋阴、补血的功效。

〔八〕当归，中药名，具有补血活血、调经止痛、润肠通便的功效。

〔九〕吉更，据文义，疑为『桔梗』之误。桔梗，中药名，具有宣肺、利咽、祛痰、排脓的功效。

〔一〇〕鹿胶，鹿角胶的异名，鹿角胶是一种中药材，具有温肾益精、养血安胎、止血的功效。

〔一一〕川芎，中药名，具有活血行气、祛风止痛的功效。

〔一二〕骨碎补，中药名，具有疗伤止痛、补肾强骨的功效。

〔一三〕杭白菊，菊花的一种。

〔一四〕木通，中药名，具有利尿通淋、清心除烦、通经下乳的功效。

〔一五〕远志，中药名，具有宁心安神、祛痰开窍、解毒消肿的功效。

〔一六〕宅，据文义，应为『泽』字之误。泽泻，中药名，具有利水渗湿、泄热、化浊降脂的功效。

酸枣仁〔一〕【五钱】，大附片〔二〕【一两】，山茱肉〔三〕【一两】，公丁香〔四〕【五钱】，淮山药〔五〕【一两】，西砂仁〔六〕【五钱】，净丹皮〔七〕【二钱】，土元乡〔八〕【一两】，丝杜仲〔九〕【二两】，砂之母〔一〇〕【五钱】，补骨纸（脂）〔一一〕【二两】，净色貭〔一二〕【二十】，广木香〔一三〕【五钱】。

【务祈照分称之，诸味皆包。】〔一四〕

〔一〕酸枣仁，中药名，具有养心补肝、宁心安神、敛汗、生津的功效。

〔二〕大附片，难考。

〔三〕山茱肉，难考。

〔四〕公丁香，丁香的异名，丁香是一种中药材，具有温中、降逆、暖肾的功效。

〔五〕山药，中药名，具有益气养阴、补脾肺肾、涩精止带的功效。

〔六〕砂仁，中药名，具有化湿、行气、温脾、安胎的功效。

〔七〕丹皮，牡丹皮的异名，牡丹皮是一种中药材，具有清热凉血、活血散瘀的功效。

〔八〕土元乡，难考。

〔九〕杜仲，中药名，具有补肝肾、强筋骨、安胎的功效。

〔一〇〕砂之母，难考。

〔一一〕纸，据文义，应为『脂』字之误。补骨脂，中药名，具有温肾助阳、固精缩尿、纳气平喘、温脾止泻的功效。

〔一二〕貭，此字难以识别，待考。

〔一三〕广木香，木香的异名，木香是一种中药材，具有行气止痛、调中导滞的功效。

〔一四〕这部分内容涉及中医学及伤科药方，具体运用须参考医疗或运动损伤专业图书，校释仅对古籍原文进行整理，不涉及专业知识。

文武备

提要

文武备，一册，抄本，行楷字体，共六十一页，诸多页面的末行字迹模糊不清，杜撰字、谐音字较多。此谱由湖北省鄂西土家族苗族自治州（今为恩施土家族苗族自治州）来凤县的李四香捐献，现藏于中国武术研究院，院藏编号为G852.4-2。

文武备首页有『卷之二』字样，由此推测：原谱至少有两卷，然第一卷已佚。卷末题署『光绪丙子年嘉平月上浣姚辅臣敬书』，可见此谱的抄录时间当为光绪二年（一八七六）农历十二月上旬，抄录者姚辅臣，其人事迹不详。

关于内容，当时湖北省武术征集活动『三献』实物鉴定评选审定表附录的『技艺拳经拳谱文献实物的简介』称其『为苗族、土家族少见之谱诀』，当地史学界的鉴定意见亦为『此书成于清光绪年间，有苗族、土家族武术特点，对研究少数民族武术有参考价值』。但从诸多内容看，不少源出明代晚期日用类书，如『邵陵棍法歌』等；其拳诀也多托名于历史演义故事或神话小说人物，如三国演义中的关羽等。

总体来看，此谱内容大致有三个部分：第一，与文学作品相关的『八阵图』『过五关』等；第二，用数字命名的技击或功法，如『开四门』『十八肘』等；第三，与武德相关的记载，如『武备要诀』中的『奸匪切莫教，只宜教好人』等。另外，此谱中记有多种穴位，然所记穴位名与一般中医文献不同。

文武备影印

文武備

文武條 卷之弍

〇白虎徒傳

揬摟并弓肘二拳猴手跌步又兩拳連環跕

手左右肘中堂跌步右肘難復把連環攤[illegible]

肘中勢一定敲飛蹬双飛脊向馬斯嘯鳥泥[illegible]

中來保全十大功勞二進營中勢一定把在

團問人問拳何名壯仁背徒堂穩江山

〇八陣圖

[illegible]

印堂一捶回頭一拳御手擱朝東一拳肘二寸
左拔右拔倒裏前左手一挑石中捶。退步圓
左御手牽。進步撈月歸步法復後橋上掌去
拳。皮卦肘上兌宮前。趕步推進回步圓。水倒
坤卦把樹抱。金盆撈月就地眼。兩肘归蓮勾
蹬觀。者抱子撓三還。梭在坤上祥蹄冲。衛宮
一捶到壯跐跑。步進宮對坎處依然回步手知
還悦。赴代蹬双捶肘連坎兩捶當脚蹬。艮宮二

迸兩虎豹。側橋放車雲鵬蹄双。車拖膝回肘鞭

依然抱打到神龕。大御一声摟急雷退跑坤営

御座園。撕肘几步乾巽摟。中捋跌步遠摟連。三

郎三消蓮花掌。二郎虎馬上下堪。回頭蹬肘[illegible]

営推猛。虎当身蹬合拳。回頭跌捋双蹬起。飛騰

虎馬上下堪。日人問拳名何姓。捌圖中断白撅。

如過五関

太極圖中作一決。九明看書用計策。上前三步連

緞手。一馬三劍撼虎勒張。公撿劍迎門跌闖

踰心穴張。飛抱馬橋上過。于龍托鎗取腰腦

品托印出栿蹬。月下斬刀寸寸跌。于虎救主

霧手。関公就把拘步切。于龍大踏金剛步。関

袍擺手撤。戦殺五関掃運手。猛虎跳盤蹬取

攤救主擴汁手。烏龍擒活合内攔。樹杆栖衣

步手猛。虎吐涎提牌塞。霧風掃地雲開日

掌而取賢穴張飛擊鼓斬蔡陽。龍虎相鬪

陽別犀牛望月，加掃唐。內外几馬捆住跌下人。

劇拳名何姓。單馬独鎗倒老爺。

又

取西川五虎

馬超托鎗把刀跨。黃忠射箭神鬼怕。趙雲翻鎗几滾花。張飛擊鼓。莽豪殺魏顏快把抱排打五虎下山豪傑怕。弓人孝得法馬清。猶不中保平西夏

[illegible]寅四門

弸步并弓右捶前。撩掀跌扔打兩拳。一躭回[illegible]
𨔛打。車盤又是撩掀拳。兩手一撥浮承勁。左
右拟把步困。復首撩掀前後樣。大鬭金剛
猿。復又撩掀浮劍手。左右兩邊實撩掀。又是
步牛角掌。合口過堂打一捶。北以看書皮扑
後煞三挽落地拳。金龍合口左右拘。又是後
地拳。二幅高上登一脚。以外左馬摽子点。這人向
君倚壯。這是大練猴拳。

又

邵陵棍法

五台豐燈出邵陵。上方常言百千僧。家數洪軍[illegible]
數佛。太玄墨之顯威靈。飛天夜叉空中舞。夜叉[illegible]
馬定太平。高祖斬蛇人難見。回來使下定[illegible]
後人識得風魔棍。行出洞傳像人。
太祖金鞭棍一根。穆陵捌上打韓信。上方曾賽[illegible]
叱于專打紅巾定太平。獅子御花偷棍打[illegible]
得白、 枪樹吟。白虎洗面体招架。低頭舞[illegible]

定南針。黄龍吐涎樹踢進。黑虎畨身一陣風上踢。
二拳人觀敵。夜叉探海定乾坤。
如十二捶論
斛風捶。下三捶。落地捶。虎抱
十字捶。上山捶。串骨捶。連丘
一字捶。柚扯捶。招子捶。執手
如文臣過燕。
起手通良并一弓。趺步高上打兩拳。左右二

右脚蹬。車身一蹬起丹田。黑贊就把連環雙

摘手起鬼眼。承身一跌拗馬拳。共掃下剪豹

盤二。珍發出回馬鞭。跌步高上掃金錢。犀

月倒腿踢。金雞拖吐右日連。王棋跌步掃

集勝拖刀擒上前。埋虎勢上豹子擺。

玄坛擺庄国。孟得拖鞭二遊推龍。灯拳

榭軒擊鼓推花双板手。将似觀音定住

林又把金钱掃。烏龍過江取勝内。

捆馬手。鉄門竹門取井泉。紫取一刀跌下地[illegible]

風掃地。黄金戔。急忙打出烏鴉手。復發擺[illegible]

取三盤。法蓋次取二擺手。劉超擺手最依此[illegible]

王回鞭來隊起。郎千郎美就地眼。林鉄槍[illegible]

鉄棍。黑虎偷心顯威靈。鉄旗南董鉄鼓。金[illegible]

吐推上前。回鞭便把鉄步丟。倒提金鞍美依[illegible]

吕人问拳名何姓。廿二文臣過太嶽。

四十八射。

串骨肘。上山肘。滾心肘。寸步肘。

貫心肘。復心肘。倒座肘。提盤肘。

回心肘。赴地肘。磨盤肘。車盤肘。

搖心肘。進步肘。飛地肘。下壓肘。

推步肘。跟步肘。

大郎跌下埋虎勢。二郎覌見紫刑標。三郎跨虎騎勒馬。四郎坑死在番朝。五郎孝瘀頭和尚。六郎拼守三對。七心郎一共十三寶。令

反勢几巴刀。

八虎孫臏起程

野龍袁達歎赫然起手動步弓上前。二卦降[illegible]
龍現。一肘式摟弓三煩。父虎又拿長蛇矛。虎斧[illegible]
老君二肘攔。吳獬便把長鎗使。左右拘拔[illegible]
滅蔽。独孤陣拿飛雲箭。斧避老君一肘猿。[illegible]
拖刀捺上前。右拘撥收偷心捺。李牧拖鞭[illegible]
進珖。左右拔步跌步拳。孫龍又使狼牙箭。[illegible]
手代踐内外层。弓人問拳名何姓。孫臏起程

拳。

如打擂臺

起手動手岳家手。岳雷𢫬鎗竿子紐。祥歸一翻[illegible]

步手。左右兩拳拘連肘。一進宮內虎豹揲。掃[illegible]

兩拳如雷吼。左翻右跟跌步丢。合口拔勢前[illegible]

淡。左跌右梯踝步手。王英拖鞭快出手。打出[illegible]

蹽連返肘。翻天印。旬寸步手。左翻右跟合口[illegible]

扶豹拖鞭貫繡毬。王英[illegible]　二進宮。岳雷拖鎗[illegible]

疵手。左鍘右揉雷嘯吼。左鍘右揉蹬縱擄。岳雷便把鞭子摧。餓虎赴食卦肘手。一拳一擺風掃地張豹玄虎來吊斗。連環手兩三攝子。岳雷回鞭往下流。左右兩拳虎豹揉。霸王奪鼎門不朽之字手上卦腰刀。迭魁掃磨助岳侯。岳雷一見飛步出。左右二蹬取牛頭。以藏九滾十八板。總在先天太極圖。平空打下一榛。雷張豹金鞭來托腰。岳雷又打個鞭手。倒打金鞍跌步丟。金鞍以藏用計

隊。攏推榱在裏徒中。通擺下迷魂陣。六路長打

盡拂流。可人問拳為何姓。岳雷打擂永傳溜流。

又拳勢歌曰

太子沒拳鬧東海。針行拗步稱英雄。左邊立起

盤龍勢，右邊立起佈成廣。刘壘英豪護心捶。五

行連手架六同。若问此拳匡勢。菩薩流傳在少靈

又六合拳

詩手下架似牛虻。霸王捺過烏江河。張飛打馬

橋上過要過八百流沙河。渕上公勒馬回頭拜。书
合也中踩一脚。一合摟頭二合肘。三合蹤淦四佗扁
這是夫子傳流後。六合拳上散威風。

如

哪吒出城

起手動步把雲下。懷抱月來搖肘打。撩拗代肴
梭步子。毛八藏針金剛踏。回頭就把參手進。几
寸連環提脚勢。犀牛望月絞步去。丹鳳晒翅文
避拿。雲霧手淦即定住。一馬三劍二回救。懶龍

蹯樹勾連手。哪吒山城螺步手。連二拳打上下。九天連返跌步拿。劉海戲禪合金吒。忠魁擺神鬼怕。魁星點斗祖手卦。獅子滾毬偷心打。哪吒拖鎗前後掛。烏鴉赴地連躦要。猛虎跳豎內藏着。烏鴉就飛車骨插双。飛脊向巴躦。雲霧手法偏门拿。紅綾帕子冲天炮。乾坤圈子往下插双。飛脊向巴把躦。翻天印來踢脚殺。美女并鎖出金錢。之字手㧐取腎忠

掃膛反勾煞。車骨揀而换身。棰。霧風掃地又[illegible]

（踍）混天雷來打三方。豹子手而來定住落地金[illegible]

掃蓮花。倒插楊柳蹤長打。鞭子一出金錢下[illegible]

手拿鎗三方打。八塊才與拖腰蝴蝶法。廷[illegible]

便把双販下回鞭又拿卧虎。汝倒提金鞭鐵[illegible]

秀。菩薩滾傳賓哪吒。

四 撒手作頭

祖手掛金牌。倒打紫金鞭。張飛下猪頭。

咬金三斧頭 ○ 子龍回馬鎗 ○ 双飛斧向手 ○

大踏金剛步 ○ 小鬼跌金剛 ○ 打斷鉄欄杆 ○

張飛三擊鼓 ○ 烏鴉軌地飛 ○ 獅子滾繡毬 ○

一扯大分家 ○ 斧劈老君堂 ○ 烏鴉翅赴地 ○

一劈八塊柴 ○ 関公倒拖袍 ○ 盡脾跨腰刀 ○

一出三不歸 ○ 無風自倒𣑽 ○ 充起祿当摚 ○

一跌九塊皮 ○ 猴子倒関門 ○ 一翻二引手 ○

月下来偷拖 ○

孔明看書

金鷄肫肚。惡龍拚江。鉄什拚樹。白雞登窩

鳳凰折翼。牯牛靠樹。李廣蹽子。外敗內滚

濫泥撿茶。白蛇吐級。內滚外敗。黑虎攔路

觀音把门。紙羊撹頭。夫子拱手。黑虎偷心。

患魁拭額。皮內抽筋。白馬分鬃。倒棟楊柳

懶婦捆柴。陽墻撽篙。迎進送出。霧風掃地

樹杆晒衣。毛內藏針。內豹外滚。白馬御蹄

猫兒洗面。美女開鎖。內鈔外鈔。老鷹提雞
猛虎吐涎。劉海戲蟾。仙人捆帶。鐵劍絆住
高避矮避。猿猴~~撒~~搬庄。白鶴点頭。懷中抱月
大樹盤陰。老漢擒刀。鯉魚扳子。借毋懷胎
落地金鈔。~~伯~~霸王卸甲。~~伯~~霸王舉鼎。法公擒劍
~~伯~~霸王托靴。懸壺吊斗。~~伯~~霸王揹鞭。金鶏栖翻
撩咽拗喉。迎風貫耳。偷樑換柱。黑虎搖樁
上虎下豹。金鼓齊鳴。欄杆攬紗。金雞陡力

肩左騰風。霧天黑地。後崗偷桃。魁星點斗。

觀音坐蓮。蝦蟹跳井。觀音把門。觀音捧掌。

猛虎跳澗。二龍戲珠。九寸連環。関站抱印。

單鞭救主。猴兒吊頸。連撒代有。以物驚[illegible]

鯉魚扣腮。提攔肘破。

伸摽手。繳步鏢、連身鏢。滾步鏢。

扭手鏢。馬步鏢。丢步鏢。單跳腿。

双扳手。車般腿。拗馬打。弓步捶。

攔膝掌。迎風掌。虎豹掌。推進掌。

連反掌。紐手躦。外尾躦。把地躦。

朝天蹬。鬼眼蹬。飛步蹬。退步蹬。

弟兄手。金架手。三板手。三擺手。

金鎗手。猿猴手。姊妹手。三関手。

摧蹄手。雲棚手。連反手。鉄掃手。

双馬手。車骨手。迯子手。提脚手。

翁八手。赴貝手。抓鮮手。撑子手。

車盤手。擒拋手。勾連手。合口手。
封逼手。陰陽手。翻天印。承寸趺跌。
敗步手。車馬拋。反插手。萬法手。
進門跌。十字伸。跌賓手。過門坎。
前勾煞。托皮手。上下交。回馬鞭。
龍燈手。偏門手。金架剪。點打法。
披避手。掛腳𨂿煞。悶壺炒。皮劏手。
飛牛頭。三鈁手。原壓手。插柳法。

取合膊。取脇脥。鴈心腰。雄雞腿。
公掛手。取足跟。取腿胯。取肩甲。
取腰胑。取合膝。取丹田。取心坎。
取兩膀。取兩肋。取腧边。取腎囊。
取膺肋。取兩乳。取胸堂。取喉嚨。
取脊背。取腰眼。
由　十惡不善。
一金鎗。二梅花。三柳葉。四插掌。

五穿手〇六揉法〇七吐掌〇八勾連〇
九徉蹄〇十啣手〇外空勢〇內空勢〇
掃蓮花〇飛勾煞〇前勾煞〇反勾煞〇
梅花鎗〇百步鎗〇托手鎗〇坐馬鎗〇
進蓬鎗〇扭手鎗〇回馬鎗〇

如　先天字頭〇

擦拗披劈〇掛遍勾拗〇承靈傳妥〇
方首匾袋〇刁抱穿滾〇吞吐浮沉〇

迎押肩膝。掤打吹膀。攊扯推蹬。
驚恍折打。紙跑飛擒。摽棲繩綫。
拔敗坐鉢。機肘閃扭。揮扭應禁。
弓馬虬立。三快五風。擺庄精靈。

如 十式掌。

迎風掌。陰陽掌。二守掌。托手掌。
吒吒掌。擺迷掌。鉄心掌。托節掌。
剷風掌。連環掌。男耳掌。子午掌。

凡拾式抛膝○

捆馬○迎门○抱腰○赴勢○

抱頭○揷柳○抱腿○埋伏○

挨身○扒手○懷抱○分鬃○

凡三勾煞○

前勾煞○返勾煞○飛勾煞○外空勢○

外撲勢○卮馬勢○大空勢○內空勢○

雙勢搭○沉手勢○

又　非專捌巧九打字訣。
撩凌打他。迎送打他。借力打他。
驚力打他。引手打他。風頭打他。
巧力打他。最上打他。取下打他。
引左得右。引右得左。等他打他。
借便九打。機發百三。
又　拾絕陣。
等撩驚引。迎送借勁。上下左右。

風頭巧快。等他𦾔借。左右迎送風。

更名十絕陣。

也教習法馬。

撒打南山猛虎。腳踢北海蛟龍。

口吐珠寶砂箭。心似剛骨鋼刀。

眼觀四方捌面。耳聽風声古語。

壹打巧力。弍打胆。叁打眼法。四打悶。

伍打精靈必為主。六同短打加撩砍。

柒打風頭捌打快○九打色皮十打賴○

壹要打柔貳要鍊○叁要打人心莫善○

肆要造來五要恨○陸要藏身躲得影○

柒打心惡捌打躦○玖打引手拾打翻○

○武備要訣○

習學子午手○細說與君聽○平日須熟鍊

臨危看事行○在家防不測○出路防歹人

動手心要毒○不毒就讓人○手是兩扇門

全靠脚打人○手中有八字○披撇東西分○
進退借他力○手留心守明○莫用他倒力○
随机应变行○朋友受戲耍○不用要他争○
倘若乱動手○玩耍当了真○壹列無臉面○
式则失朋情○平日須演習○单人独自行○
心內想做耍○脚下要当真○動手習軟脛○
步步要生根○躲備他人見○争処把手清○
輕狂多惹事○稳当人自尊○奸邪切莫教○

只宜教好人。写将相傳你。一看百分明。
謹守此件事。保家又保身。酗酒多敗力。
好色易損生。氣躁心必乱。性燥手不真。
任他千萬変。手老自能搏。學者须要练。
專尋增神評。

又 撤法總訣。

起手撩砍又披劈。拳目封逼肩勾扨。
先要承靈和亭妥。動手方肩要靈衆。

見他乱(手)快丢左。纜已拿着把他接。
吞吐浮沉来隊起。拔势进门随手接。
迎捭有膝把(將)女打。拾搠肘法挨身擦。
陸取躦㳫摽于手。㳫擒搠拿合腰脇。
九滚拾絶雄雞腿。掃手斂手把他絶。
隊擴攉作陡用力。能進能退引手得。
拿龍提虎要拈(枯)心。上虎下豹躦取穴。
猛虎吐涎提脚進。烏鴉赴地躦隨跟。

托起原在就把攻。他若進步順手得。
三拾陸路長打手。柒拾弍蹤小手撤。
見他低頭即是蹬。見他側身把摟接。
擒拿点穴心要毒。三關手法任他撤。
總要探子分陰陽。凡事動手自然得。
眼與心合手與足。三肤五風忍不得。
不住进门與洪门。連環手　順牽手。
與若不進飛步丢。洪拿引出取腰脇。

動手總宜心要毒。拾人動手九人黑。

刁豹空褱出原在。勢手推進硬如鉄。

定要擒起他的脚。[illegible]各我蹟取臀穴。

掤打吹脹插心肘。双手抵住承步跌。

速起抛膝撒手絞。猿猴搬左合內切。

攩恍撤打任他變。擒住你手用披劈。

內勾外拔如風波。黑虎捌跳總要滅。

凡百須各齊向手。無風吹你自倒樓。

君子學習雲霧手。心如鋼刀手如鐵。
壹要打來式要鍊。叁要打人心莫善。
教師打人心不良。有人動手點他穴。
定要枯心手要毒。若不遵令悮自己。
打捶定要打半捶。肘要總宜打半步。
打棍定要打过山。鐧打一條線。釵要奪得
圓。鎗攔住前蹤。刀要顧身边。戟出釵一回
班。攪要團圈現。擒住我胸用蹉手。擒住

我肘用托手。攔擒住我脚。用飛蹬。擒住我髮用搬笋。擒住面腰。霧天黑地。金鼓齊鳴。紙羊撓頭。攬耳端頸。擒住後腰。武郎飛山。倒提金鞍。覌背坐蓮。打肘擒你風穴。踩挺我脚。鯉魚扳子。擒髮扯起去我用老漢擒炒。抓你臂鬟。我用霧天黑地。教一着。留一処。免得徒弟打師父教一処。留一着。免得徒弟把師撥。

惟有世人心不良。當時忘恩負義人。學藝猶如針插土。師徒相顧沒有人。当面尚師說好話。背后把師当歹人。此話真真是實話。惟有奸詐切莫教。蹼合抛膝看人教。豫先推椿定要打。沙包拳棒定饒他。習下死工夫。蓋世眾英雄，不以規矩不能成方圓，

血脉家傳。

順手代住連環手。奔步魚而弓上刀。
耳聽風响皮面掃。鞭子一去定不饒。
合口手而上下交。又打月內去偷桃。
定計陳身忙下馬。烏鴉伸腿如鷹鷂。
平空打下埋虎勢。鷺慌擁出你难逃。
武松上前捉猛虎。身而承勁如虎彪。
關公勒馬回頭打。虎豹躦（掌）而躦取穴。
騎虎中堂。跨虎撩陰。懸壺吊斗。

喪尔残生。雲棚手而往下陳。斧劈老君蹤

随跟。陰陽它来猴吊頸。打得汝手下蹤伸。

姉妹弟兄手便出。牯牛靠欄。抽尔肋。

連環几子斧向手。上山虎豹下山攔。車火盤

肘豹彪分。提攬肘。扭手蹤。水淌船。步步

高。懷虎月則身擦拁。小鬼推磨運根翻。

如叁快。

眼快。脚快。手快。頭快。

如五風。

肩風。肘風。胯風。膝風。

為人練得風法手。肆海魁名第一家

任是老君漢丑宿力。消華兩字神仙打

如拾絕陣。

壹拔勢。弍跳門。叁勾肘。肆滾肘。

伍卧掰。陸搬爭。柒晒衣。捌脫茶。

玖過江。拾拭額。

乂拾不歸。

壹勾煞。弍拗馬。叁擺手。肆捆馬

伍卜拶。陸扰車。柒撿劍。捌分鬃

玖看書。拾分家。

此書法不可乱拿与人看謹記

乂弍人倒打十對敵。

乂

壹对敵備身势。迣月斜下勾煞起

翻天印虎豹披。崇貝栽花復心捶

弍对敵傷三盤。
白鶴踩蓮勾拔势。
叁对敵擒拿手。
黑虎势上棧天蹬。
肆对敵答手炒。
黑虎偷心掃蹚势。
伍对敵坐馬势。
他若撩撥肘打来。

動步押手豹揀捆
九子連環起飛蹬
參閑擒拿肴向手
武松打虎姊妹手
猫兒洗臉占身走
張飛虎馬跌步丢
仙人呼琴托堡庄
牯牛蒙欄破上方

太極肘印门。原拖跌印门。
鹰條扭留门。銀師懸抓门。
柴星拜座门。跌搠把勾门。
搠子太原门。驚七迎跌门。
斛風斛打门。扒门提摟手。
如顯應妙訣総。
看來搠门真祖宗。廣大神通在手中。
多少英雄操不出。只惟銀鈸不放鬆。

要想金鹰真妙诀。大仁大義称英雄。
入我捌门众弟子。立起门势任尔冲。
忠心大義子弟。亦可傳也。切莫乱傳。
乙 鍊庄法。
後脚略埒前脚鬆。不丁不捌不西東。
進退借他叁分力。出手謹防跌落空。
動手動脚庄要稳。双目緊井視其胸。

出手残拈修怕他。手足相合第一攻。

後脚出蹤前手沖。單鎗匹馬射灯籠。

托手求救要用力。借勢東來隨勢西。

丢座定要肩下力。偷樑換柱把手劈。

側身搖步脚同移。揣想猶如甚坎離。

鍊就壹身骨節巧。子午手中壽拋荷。

又 叁頭伍巧法。

封頭。拿頭。提頭。巧手。巧脚。眼巧。

進巧。退巧。柔虛。動則虛。撈々剛

短、曲、荒、進七实籠則实呋

静[illegible]稳一要、巧長

如操習真傳妙訣。

出手纏推快直勁。動步三分借力行。

教你勤習巫手法。風頭巧快操得灵。

獅子抖毛挨身打。大鵬翅展掌復行。

烏鴉赴地斜勢立。鐵牛耕地拔勢進。

衷门曲身弹脚進。狀元飛出馬入營。
翻騰舒展膝滚地。火龍翻上滚金鈎。
上馬金下銀。戰過五関入漢宮。
手似猿猴脚似猫。摇鑽猫猴手捉拿。
翻行倒走兩過板。無底斤頭風送雲。
左滚右滚連返躦。內滚外滚肘把寸。
左板右板螺旋子。鯉魚板子跳龍门。
蛒螞樹上赴地掃。蝦螞跳井把脚伸。

分腿高上掃金鉢。五鼠鬧東京。

火內煉丹倒踹寶。外妙中取鳳精。

九滾壹拾捌板手。拾捌𨇦火龍神。

如 皮座法。

出手 一 一 一 腿出 横身上下盤外綁。

兩[illegible]歸胸無異。不可閑中加力添。

變化都要手心眼。全靠當中心壹点。

心防靈巧四放火 手隨虛步把力起

手茫腿迯起。
側身步轉移。
藏身腰卜下。
纔占尽抛着。
卸兩搏千斤。
小[illegible]力打大力。双。手擒住一。快打七星手。獅子抖毛衣
搏開霧雲頂。明月照瀛地。水裡撈金魚。蹤法追水泥
大力打小力。大鵬展翅。快打連環肘。鐵牛來耕加

白鶴來点頭。原在等着你。左右打誰來。二下分高低。
三人打我一。龍灯掛法起。急出陰陽卷。火龍滾而去。
又打埋虎勢。又打冲天掛。黃鶯把翅展馬合崩腿。
五人打我一。猿猴把樹并。急起連環腿。急使金剛啥。
大飛着向手。獅子把口吃。幾個虎翻身。蝉跳舞并殺。
當打穿心樹。武虎來排牙。懸梯來吊斗。又把鉄步拿。
八個把我打。猛虎把山下。秦王乱点兵。黑虎跳監法。
又把虎豹掛。[illegible]步拿。白蛇吐劍手。龍灯將掛劉抹飛翕擂鼓。楊間把山下。湘子吹玉笛。撩陰帶撇喉。

人多打我一。梅花鎗而起。關公來掘槍。連環腿而起。

餓虎來赴食。老萊把戲彩。貓兒捕老鼠。双板又攤枝。

獅子要斗毛。回馬鎗法起。金剛大踏步。蹬法追如泥。

兩邊扯住手。收身蹬擋踹。後頭抓住髮。月下偷桃法。

當面扯住胸。撩陰撇喉上。又來抱我腳。關西把印托。

后頭抱住腰。倒提金鞭刁。當面抱住腰。武虎排牙抛。

當面合手抱。鳳凰閃翅列。兩邊擒住走。獅子滾繡毬。

勢力打帮根。抓個擋三股。拿敵人打个。搭[illegible]加上[illegible]

這個拿起來。火龍蠕而飛。合口手抓住。拿個小的刀。

拔作十字。反己下下浪。山下岸。下山約。

猛虎跳鹽關山照。打佛出路看吉凶。

你看此手高不高

北[illegible]大公[illegible][illegible]有人可[illegible]司你[illegible][illegible][illegible]出[illegible]

探極出高[illegible]

又拾華山即少林寺

岳武穆王諱飛何帶出公之何故像做了避隱

神主位公曰入古門行能淇以背當幕

者持拐高傲以高壓負目中無人胸襟高強

能使人其心不平自然古結下冤情之怨又

被苦恨之悲尤悲冤苦惱帶無義之徒書

起狼心有不惻之體懸公曰敏思之事

憎則覺寬則明則則怒怒則仁仁而無盜

之力慈也尽难叙矣。

故尔岳公激曰能使人资蓄艺高华能使人为贱少欠矣不高也能激人艺尊敬师长爲節师重友也禮可傳妙矣。

〇教打滚馬

鎗要打横竿。　射要打半竿。

棍要打过山。　箭打一条線。

斧要翻得过。　刀要顧身边。

攬要圓團懸○　鎗要往前撐○

戰如尽一班○

如　解手陰馬○

擒住我手○用托手○擒住腳○三板手○　火龍拗座伍腿○

下山崩○　金雞步虎翻身○

擒住我腰○用搓手○擒住我肘○摧肘破○

擒住面腰○用盤破○　霧天黑地○　貫耳端頸○

紙羊挽頭　金鼓齊鳴○

擒住後腰○　觀音座蓮　月下偷桃

式即翻山　倒打金鞭

一　主[illegible]要[illegible]一[illegible][illegible]深打　抓臂[illegible]　[illegible]子手○探馬手○

用心揉鍊死

恐防遇歹人。擒拿要謹記保身又保家

醫看座病者

若肩出外傷在內外穴。抬不起頭打傷項心穴

飲食作寒傷左扳山穴。兩手不起傷左偏跑穴

咳嗽不轉傷在氣目穴。兩足發燒傷在肚大穴

兩手軟弱傷左主扳穴。大便出血傷在屎井穴

面以黃色傷在耳後穴。吐血不止傷在偏上穴

兩手無力傷在三関穴。氣不相結傷左成穴

飲食出汗傷在肚臍穴。腰痛不止傷在井綫穴

兩足無力傷在鳳凰穴。

此病宜喫艸藥照前方法可安見功

光緒丙子年嘉平月上浣怟輔臣敬書

文武备校释

文武备 卷之二

白虎徒唐

榨（砸）[一]捶并弓肘二拳，猴手跌步又两拳。连环豹手左右肘，中堂跌步右肘难。复把连环摆□肘，中势一定起飞蹪[二]。双飞齐向马斯（嘶）[三]声，乌泥□中来保全。十大功劳二进宫，中势一定把庄园。有人问拳何名姓，仁贵徒堂（唐）[四]稳江山。

〔一〕榨，据文义，疑为『砸』字之误。

〔二〕原文写作『蹪』，同『蹪』，有『踏；聚足；钻、穿』等意。（汉语大字典编辑委员会编纂汉语大字典：九卷本，崇文书局，二〇一〇，第三九九三、三九九六、三九九八、三九九九页。）后文都改为『蹪』，不再逐一注出。

〔三〕斯，据文义，应为『嘶』字之误。

〔四〕仁贵，即薛仁贵。历史上的薛仁贵为唐代初年著名将领，在清代演义小说薛仁贵征东中被神话为白虎星官，玄女娘娘赐其白虎鞭。据上文，此处『仁贵徒堂』，即是『白虎徒唐』。

八阵图〔一〕

□□□□□□□，猛虎下山□□□。关品□印堂一捶，回头一拳衔手拦。

朝东一拳肘二[illegible]〔二〕，左拔右拔倒震前。左手一挑右冲捶，退步园压衔手牵。

进步捞月归步法，复后桥上掌变拳。皮卦〔三〕肘上兑宫前，赶步摧进回步园〔四〕。

才倒坤卦把树抱，金盆捞月就地眼。两肘归莲□□躜，观音抱子挠三还。

梭在坤上⿰犭羊〔五〕蹄冲，离宫一捶到[illegible]〔六〕边。跑步进宫到坎处，依然回步手衔还。

况赴代躜双捶肘，连坎两捶番脚躜。艮宫二边两虎豹，倒桥放车云鹏缉。

双车抛膝回肘鞭，依然抱打到神龛。大衔一声捶急雷，退跑坤宫衔庄园。

拦肘几步乾巽捶，中势跌步扫捶连。三郎三消莲花掌，二郎片马上下堪。

〔一〕八阵图，据文义，当是按照后天八卦方位行进的拳谱。后天八卦与方位对应关系：震（东）、兑（西）、坤（西南）、离（南）、坎（北）、艮（东北）、乾（西北）、巽（东南）。

〔二〕[illegible]，此字难以识别，待考。

〔三〕皮卦，据文义，似为『披挂』之误。

〔四〕此处『园』与上文『退步园压衔手牵』中的『园』疑为『圆』的俗写字。（曾良：明清通俗小说语汇研究，江西教育出版社，二〇〇九，第一一四页。）

〔五〕『⿰犭羊獚』是古代对我国西南少数民族的蔑称。（汉语大字典编辑委员会编纂汉语大字典：九卷本，第一四四三页。）『⿰犭羊』或为『⿰犭羊獚』简称，或是『羊』的异体字。

〔六〕[illegible]，此字难以识别，待考。

回头蹪肘□宫摧，猛虎番（翻）[一]身蹪合拳。回头跌势双蹪起，飞腾片马上下堪。
有人问拳名何姓，八[阵][二]图中路白显。

过五关

太极图中作一决，孔明看书用计策。上前三步连⿰纟反（环）[三]手，一马三剑把虎勒。
张公捡剑迎门跌，关公勒口输心穴。张飞把马桥上过，子龙托枪取腰胁。
□品托印出横蹪，月下斩刀寸寸跌。子龙救主小雾手，关公就把抅[四]步切。
子龙大踏金刚步，关公割袍摆手撤。战杀五关扫连手，猛虎跳监（涧）[五]钻取火。
□鞭救主扛子手，乌龙挤江合内架。栏杆晒衣□步子，猛虎吐涎提牌塞。
雾风扫地云开日，虎□掌而[六]取肾穴。张飞击鼓斩蔡阳，龙虎相斗阴阳别。
犀牛望月如扫磨，内外片马拦住跌。有人问拳名何姓，单马独枪关老爷。

[一] 番，据文义，当作『翻』字。
[二] 阵，据其题名所补。
[三] ⿰纟反，此字难以识别，据文义，似为『环』字之误。
[四] 正字通·手部：『抅』同『抅』。本文中『抅』与『勾』并存，『抅』保持原貌未做改动。
[五] 监，据文义，应为『涧』字之误。后同。
[六] 而，据文义，似为语气助词『儿』，保持原貌未改动。后同。

五虎取西川[一]

马超托枪把刀跨，黄忠射箭神鬼怕。赵云□枪片流花，张飞击鼓舞豪杀。魏颜（延）快把抱捶打，五虎下山豪杰怕。有人学得法马清，犹如中（宗）保[二]平西夏。

开四门

动步并弓右挑前，撩掀跌势打两拳。一就回头□边打，车盘又是撩掀拳。两手一探浮承劲，左剑右拟把步园。复首撩掀前后样，大辔金刚□□猿。复又撩掀浮剑手，左右两边实撩掀。又是□步牛角掌，合口过堂打一捶。孔明看书皮卦□，后煞三挑落地拳。金龙合口左右拘，又是后煞□地拳。二幅高上登一脚，内外片马摽子点。有人问拳名何姓，这是大练广猴拳。

〔一〕原文为『取西川五虎』，疑为拳谱收藏者将其顺序调整为『五虎取西川』。此处马超、黄忠、赵云、张飞、魏延等『五虎』为三国时期将领。

〔二〕此处『中保』应为小说杨家将演义中的『杨宗保』，其中第五十回有『杨宗保平定西夏　十二妇得胜回朝』的情节。

邵陵〔一〕棍法

五谷丰登出邵陵，上方常有百千僧。万数洪军并教佛，太玄累累显威灵。

飞天夜义（叉）〔二〕空中舞，夜义（叉）□马定太平。高祖斩蛇人观见，回来使下定南□。

有人识得风魔棍，行者出洞传后人。太祖金鞭棍一根，穆陵关上打韩信〔三〕。

上方曾赛哪吒子，专打红巾定太平。狮子衔花偷棍打，赶得白猿抱树吟。

白虎洗面体招架，低头躲过定南针。黄龙吐涎拦头进，黑虎番（翻）身一阵风。

龙虎二拳人观敌〔四〕，夜[illegible]（叉）〔五〕探海定乾坤。

十二捶法

斗风捶，下三捶，落地捶，虎豹捶，十字捶，上山捶，车骨捶，连反捶，一字捶，抽扯捶，招弓捶，

〔一〕『邵陵棍法歌』常见于明代晚期日用类书，本文漫漶之处依据明代日用类书校出。现存较早版本是明万历二十四年（一五九六）新锲天下备览文林类记万书萃宝第二十卷『武备门』，文字略有出入。（中国社会科学院历史研究所文化室编明代通俗日用类书集刊第5册，西南师范大学出版社，二〇一一，第五二、五三页。）『邵陵』旁写有小字『少林』，当是后人所加。

〔二〕义，据文义，应为『叉』字之误。后同。

〔三〕明代日用类书多写作『太祖金幹棒一根，穆陵关上打韩通』。

〔四〕明代日用类书多写作『龙虎二棒人难敌』。

〔五〕[illegible]，此字难以识别，据文义，应为『叉』字之误。

势手捶。

文臣过燕〔一〕

起手孟良并一弓，跌步高上打两拳。左右□□右脚蹿，车身一蹿起丹田。

焦赞就把连环现，□□扛子起鬼眼。承身一跌拗马拳，上梯下剪豹□盘。

二珍发出回马鞭，跌步高上扫金钱。犀牛望月倒提安（鞍）〔二〕，金鸡拖吐右勾连。

王棋（琪）跌步扫□□，集胜拖刀挤上前。埋虎势上豹子捶，□□玄坛摆庄园。

孟得拖鞭二边摧，龙灯拳□□拦杆。击鼓摧花双板手，好似观音定住□。

□林又把金钱扫，乌龙过江取胜田。内藏□□捆马手，铁闩守门取井泉。

柴敢一刀跌下地，雷风扫地实金钱。急忙打出乌鸦手，复发摆手取三盘。

张盖次取二摆手。刘超摆手最依然。李玉回鞭来队起，郎千郎万就地眼。

林铁枪□□铁棍，黑虎偷心显威灵。姚铁旗与董铁鼓，金鸡□吐摧上前。

回鞭便把铁步丢，倒提金鞍美依然。有人问拳名何姓，十二文臣过大燕。

〔一〕此段人物出自杨家将演义，杨六郎帐下有岳胜、焦赞、孟良、陈林、柴敢、刘超、张盖、管伯、关钧、王琪、孟得、林铁枪、宋铁棒、丘珍、丘谦、陈雄、谢勇、姚铁旗、董铁鼓、郎千、郎万、李玉等大将。

〔二〕安，据文义，应为『鞍』字之误。

十八肘

车骨肘，上山肘，滚心肘，寸步肘，贯心肘，复心肘，倒尘肘，提篮肘，回心肘，赴地肘，磨盘肘，车盘肘，挑心肘，进步肘，飞地肘，下压肘，摧步肘，跟步肘。

大郎跌下埋虎势，二郎观见紫刑摽，三郎跨虎骑勒马，四郎坑死在番朝，五郎学法为和尚，六郎把守三关口，七郎一出十三宝，令□（公）〔一〕拔势几把刀。

八虎孙膑起程

野龙表达显赫然，起手动步弓上前。前卦锋□□龙现，一肘二捶有三烦。

文虎又拿长蛇矛，斧避老君二肘揽。吴獬便把长枪使，左右抅拔显威严。

独孤陈拿飞云箭，斧避老君一肘猿。马□拖刀揥上前，右抅拨水偷心捶。

李牧拖鞭□进琓，左右拔步跌步拳。孙龙又使狼牙箭，□手代躜内外片。

有人问拳名何姓，孙膑起程□□拳。

〔一〕此处缺一字，据文义，似为『公』字，即杨令公。

打擂台

起手动手岳家手，岳雷[illegible]〔一〕枪宰子纽。狰蹄一翻□步子，左右两拳拘连肘。

一进宫内虎豹捶，扫□两拳如雷吼。左翻右跟跌步丢，合口拔势前人法。

左跌右梯⿰⻊票〔二〕步子，王英拖鞭快出手。打出□蹪连返肘，翻天印与寸步手。

左翻右跟合口出，张豹拖鞭贯绣球。王英□□二进宫，岳雷拖枪□[illegible]〔三〕手。

左剑右捶雷声吼，左剑右捶蹪绞掳。岳雷便把鞭子摧，饿虎赴食卦（挂）〔四〕肘手。

一拳一摽风扫地，张豹玄虎来吊斗。连环手而三扛子，岳雷回鞭往下流。

左右两拳虎豹捶，霸王举鼎永不朽。之字手上卦（挂）腰刀，忠魁（钟馗）〔五〕扫磨助岳侯。

岳雷一见飞步出，左右二蹪取牛头。内藏九滚十八板，总在先天太极图。

〔一〕[illegible]，此字难以识别，待考。

〔二〕⿰⻊票，同『⿺走票』字。说文·走部：『⿺走票，轻行也。』龙龛手鉴·走部：『⿺走票，行疾貌。』（汉语大字典编辑委员会编纂汉语大字典：九卷本，第三九七九、三七三一页。）

〔三〕[illegible]，此字难以识别，待考。

〔四〕卦，据文义，似为『挂』字之误。后同。

〔五〕忠魁，据文义，疑为『钟馗』之误。后同。

平空打下一榨〔一〕雷，张豹金鞭来托胅〔二〕。岳雷又打回鞭手，倒打金鞍跌步丢。
金鞍内藏用计队，掳摧榨，在里徒。牛通摆下迷魂阵，六路长打尽扫流。
有人问拳名何姓，岳雷打擂永传流。

拳势歌曰

太子洪拳闯东海，针行拗步称英雄。左边立起盘龙势，右边立起布成帘。
刘垒英豪护心捶，五行连子架六同。若问此拳匡势，菩萨流传在少灵（林）〔三〕。

六合拳

两手一架似牛它（韦陀）〔四〕，霸王挤过乌江河。张飞打马桥上过，要过八百流沙河。
关公勒马回头打，六合之中踩一脚。一合捶头二合肘，三合蹬法四片马。
这是夫子传流后，六合拳上显威风。

〔一〕榨，据文义，似为『炸』字之误。
〔二〕胅，此字难以识别，待考。后同。
〔三〕上文的『邵陵』及此处的『少灵』，均为『少林』讹写。
〔四〕牛它，似为『韦陀』的讹写，易筋经中即有『韦陀献杵』之势。

哪吒出城

起手动步把云下，怀抱月来挑肘打。撩扨[一]代省梭步子，毛内藏针金刚踏。

回头就把参手进，九子连环提牌势。犀牛望月绞步去，丹风（凤）[二]晒翅又避拿。

云雾手法即定住，一马三剑二回杀。懒龙缠树勾连手，哪吒出城蹽步子。

一连二拳打上下，九子连返跌步拿。

刘海戏禅（蟾）[三]合金吒，忠魁（钟馗）扫尘神鬼怕。

魁星点斗祖手卦，狮子滚球偷心打。哪吒拖枪前后挂，乌鸦赴地连躜要。

猛虎跳监（涧）内藏着，乌鸦就飞车骨插。双飞齐向巴（把）[四]地躜，云雾手法偏门拿。

红绫帕子冲天炮，乾坤圈子往下插。双飞齐向巴（把）地躜，翻天印来提牌杀。

美女并锁出金钱，之字手法取肾□。忠魁（钟馗）扫磨反勾煞，车骨捶而挨身插。

雾风扫地又□钱，混天雷来打三方。豹子手而来定住，落地金钱扫莲花。

倒插杨柳躜长打，鞭子一出金钱下。双手拿枪三方打，八块才与拖胅法。

〔一〕扨，意为『摩』。玉篇·手部：『扨，摩也。』（汉语大字典编辑委员会编纂汉语大字典：九卷本，第一九四一页。）

〔二〕风，据文义，应为『凤』字之误。

〔三〕禅，据文义，应为『蟾』字之误。后同。

〔四〕巴，据文义，应为『把』字之误。后同。

廷拖便把双贩下，回鞭又拿玄虎法。倒提金鞍跌步丢，菩萨流传实哪吒。

撤手作头

租手挂金牌，倒打紫金鞍。张飞下猪头，咬金三斧头。

子龙回马枪，双飞齐向手。大踏金刚步，小鬼跌金刚。

打断铁栏杆，张飞三击鼓。乌鸦就地飞，狮子滚绣球。

一扯大分家，斧劈老君堂。乌鸦翅赴地，一劈八块柴。

关公倒挑袍，灵牌跨（挎）〔一〕腰刀。一出三不归，无风自倒炉。

充起禄当捶，一跌九块皮。猴子倒关门，一翻二引手，月下来偷桃。

孔明看书

金鸡䑛肚，恶龙捹江。铁牛捹栏，白鸡登窝。凤凰折翼，牯牛靠栏。李广骠子，外败内滚。

滥泥捡柴，白蛇吐剑。内滚外败，黑虎拦路。观音把门，绵羊抗〔二〕头。

夫子拱手，黑虎偷心。忠魁（钟馗）拭额，皮内抽筋。白马分鬃，倒插杨柳。懒妇捆柴，隔墙撒筭。

〔一〕跨，据文义，似为『挎』字之误。

〔二〕抗，此字难以识别，待考。后同。

迎进送出，雾风扫地。栏杆晒衣，毛内藏针。内豹外滚，白马衔蹄。猫儿洗面，美女开锁。内架外架，老鹰提鸡。猛虎吐涎，刘海戏禅（蟾）。仙人捆柴，铁钏守门。高避矮避，猿猴搬庄。白鹤点头，怀中抱月。大树躲阴，老汉擒刀。鲤鱼扳子，借母怀胎。落地金钞，霸王衔（卸）〔一〕甲。霸王举鼎，张公捡剑。霸王托（脱）〔二〕靴，悬壶吊斗。霸王背鞭，金鸡晒翅。撩咽拗喉，迎风贯耳。偷梁换柱，黑虎玄坛。上虎下豹，金鼓齐鸣。栏杆挠纱，金鸡陡力。肩压腾风，雾天黑地。后菌偷桃，魁星点斗。观音座（坐）〔三〕莲，虾蟹跳井。观音把门，观音捧掌。猛虎跳栏，二龙戏珠。九子连环，关品（公）〔四〕拖（托）〔五〕印。单鞭救主，猴儿吊颈。连掀代肩，内刁惊虎。鲤鱼扣腮，提拦肘破。

伸摽手，缴步⿰足票，练身⿰足票，滚步⿰足票，扭手⿰足票，马步⿰足票，丢步⿰足票。

单边捶，双扳手，车盘捶，拗马捶，弓步捶。崩肤掌，迎风掌，虎豹掌，推进掌，连反掌。

纽手躜，外尾躜，把地躜，朝天躜，鬼眼躜，飞步躜，退步躜。

弟兄手，金架手，三板手，三摆手，金枪手，猿猴手，姊妹手，三关手，摧步手，云掤手，连反

〔一〕衔，据文义，应为『卸』字之误。
〔二〕托，据文义，应为『脱』字之误。
〔三〕座，据文义，当作『坐』字。后同。
〔四〕品，据文义，或为『公』字之误。
〔五〕拖，据文义，应为『托』字之误。

手，铁扫手，双马手，车骨手，边子手，提牌手，擒拳手，赴贝手，抓解手，宰子手，车盘手，撩掀手，勾连手，合口手，封逼手，阴阳手。

翻天印，承寸跌，败步子，车马抛。反插手，万法手，迎门跌，十字伸。跌实手，过门坎，前勾煞。托皮手，上下交，回马鞭。龙灯手，偏门手，金架剪，点打法。披避手，挂脚煞，闷壶炉。皮刳手，犀牛头。三纺手，原压手。插柳法，取合膊，取䐔瞅〔一〕，磨心腰。雄鸡腿，公挂手。取足跟，取腿胯，取肩甲，取腰肢，取合膝，取丹田，取心坎，取两胁，取两肋，取⿰月扁〔二〕池，取肾囊，取臁肋，取两乳，取胸堂（膛）〔三〕，取喉咙，取脊背，取腰眼。

十恶不善

一金枪，二梅花，三柳叶，四插掌，五宰子，六捶法，七吐掌，八勾连，九狰蹄，十衔手。

外空势，内空势，扫莲花，飞勾煞，前勾煞，反勾煞，梅花枪，百步枪，托手枪，坐马枪，莲蓬抢，扭手枪，回马枪。

〔一〕䐔瞅，膝关节。宋慈洗冤录·验尸：『胎膊，䐔瞅，手腕，手心。』（汉语大字典编辑委员会编纂汉语大字典：九卷本，第二二一六页。）

〔二〕⿰月扁，小腿上的肌肉；脉隐起如辫绳。（同上书，第二二五一页。）

〔三〕堂，据文义，应为『膛』字之误。

先天字头

撩拗披劈，挂逼勾拗。承灵停妥，方员（圆）〔一〕匾窄。刁抱空滚，吞吐浮沉。
迎押肩膝，崩打吹肠。扦扯擢登，惊恍折打。罠跑飞擒，摽棱绳绞。拔败坐钞，机肘闩扭。
插扭应靠，弓马虬立。三快五风，摆庄精灵。

十二掌

迎风掌，阴阳掌，二字掌，托手掌，吒叱掌，摆边掌，铁心掌，托节掌，斗风掌，连环掌，贯耳掌，子午掌。

十二抛膝

捆马，迎门，抱腰，赴势，抱头，插柳，抱腿，埋伏，挨身，扒手，怀抱，分鬃。

三勾煞

前勾煞，返勾煞，飞勾煞，外空势，外拨势，尾马势，六空势，内空势，双势拨，沉手势。

〔一〕员，据文义，当作『圆』字。后同。

七弯八巧九打字头

拨后打他，迎送打他，借力打他，惊力打他，引手打他，风头打他，巧力打他，取上打他，取下打他，引左得右，引右得左，等他打他，借实九打，机夋〔一〕有三。

十绝阵

等拨惊引，迎送借势，上下左右，风头巧快，等他惊借。左右迎送风，更名十绝阵。

教习法马

捶打南山猛虎，脚蹄（踢）〔二〕北海蛟龙。口吐珠宝砂箭，心似削骨钢刀。眼观四方八面，耳听风声古语。一打巧力二打胆，三打眼法四打闪。五打精灵心为主，六同短打加撩砍。七打风头八打快，九打色皮十打赖。一要打来二要练，三要打人心莫善。四要造来五要恨，六要藏身躲得影。七打心恶八打蹚，九打引手十打翻。

〔一〕夋[qūn]，指行走舒缓的样子。文中之『夋』，其意不明，或有误。

〔二〕蹄，据文义，当作『踢』字。

武备要诀

习学子午手，细说与君听。平日须熟练，监（临）〔一〕危看事行。在家防不测，出路防歹人。动手心要毒，不毒就让人。手是两肩门，全靠脚打人。手中有八字，拔撇东西分。进退借他力，手审心字明。莫与他斗力，随机应变行。朋友受戏耍，不要与他争。倘若乱动手，玩耍当了真。一则无脸面，二则失朋情。平日须演习，单人独自行。心内想做耍，脚下要当真。动手习软胫，步步要生根。体备他人见，争处把手清。轻狂多误事，稳当人自尊。奸匪切莫教，只宜教好人。有些相传你，一看百分明。谨守此件事，保家又保身。酗酒多败力，奸色易损生。气暴心必乱，性燥（躁）〔二〕手不真。任他千万变，手老自然停。学者须要练，专亭增神评〔三〕。

撤法总诀

起手撩砍又披劈，举目封逼与勾扨。先要承灵和亭妥，动手方员（圆）要匾窄。见他手乱快丢庄，才有拿着把他接。吞吐浮沉来队起，拔势边门随手接。

〔一〕监，据文义，似为『临』字之误。
〔二〕燥，据文义，应为『躁』字之误。
〔三〕『专亭增神评』一语，似有误字。

迎抻肩膝将女〔一〕打，十八肘法挨身察。六取躜法摽子手，七擒八拿合腰胁。
九滚十绝雄鸡腿，扫手剑手把他绝。队掳摧拃陡用力，能进能退引手得。
拿龙提虎要枯心，上虎下豹躜取穴。猛虎吐涎提牌进，乌鸦赴地躜随跟。
托起原庄就地攻，他若进步顺手得。三十六路长打手，七十二路小手撤。
见他低头即是躜，见他侧身把捶接。擒拿点穴心要毒，三关手法任他撤。
总要架子分阴阳，凡事动手自然得。眼与心合手与足，三快五风忍不得。
不住边门与洪门，连环手，顺牵手。与若不进飞步丢，洪拿引出取腰胁。
动手总宜心要毒，十人动手九人黑。刁豹空滚出原庄，势手摧进硬如铁。
定要掳起他的脚，即发我躜取肾穴。崩打吹账挑心肘，双手抵住承步跌。
速起抛膝撤手绞，猿猴搬庄合内切。惊恍撤打任他变，擒住尔手用披劈。
内勾外拔如风波，黑虎拦路总要灭。凡百须发齐向手，无风吹尔自倒楼。
君子学习云雾手，心如钢刀手如铁。一要打来二要练，三要打人心莫善。
教师打人心不良，与人动手点他穴。定要拈（枯）〔二〕心手要毒，若不遵令误自己。

〔一〕女，据文义，当作『汝』字，表示第二人称。
〔二〕拈，据文义及前文，疑为『枯』字之误。

打捶定要打半捶，肘要总宜打半步，打棍定要打过山。锏打一条线，钗〔一〕要番得圆，枪摧往前蹿。刀要顾身边，戟如钗一班，挡要团圈现。

擒住我胸用蹉（搓）〔二〕手，擒住我肘用托手。摧擒住我脚用飞蹿。擒住我发用搬笋。擒住面腰，雾天黑地，金鼓齐鸣。绵羊扰头，掼耳端颈。擒住后腰，二郎飞山。倒提金鞍，观音坐莲，打肘擒尔夙穴。踩捉我脚，鲤鱼扳子。擒发扯起走□，我用老汉擒炉。抓尔肾囊，我用雾天黑地。

教一着，留一处，免得徒弟打师父；教一处，留一着，免得徒弟把师拨。惟有世人心不良，当时忘恩负义人。学艺犹如针挑土，师徒相顾没有人。当面与师说好话，背后把师当歹人。此话真真是实话，惟有奸诈切莫教。蹿合抛膝看人教，预先推摏〔三〕定要打，沙包拳棒定饶他。习下死工（功）〔四〕夫，盖世众英雄。不以规矩，不能成方员（圆）。

血脉家传

顺手代住连环手，举步鱼而弓上刀。耳听风响皮面扫，鞭子一去定不饶。

〔一〕钗，现代汉语中无此字，根据上下文，应为一种兵器。

〔二〕蹉，据文义，应为『搓』字之误。

〔三〕摏，据文义，疑为『摏』字，表示撞击。根据清代俗字偏旁混用现象，又或为『椿』，即『桩』字。（汉语大字典编辑委员会编纂汉语大词典：九卷本，第一三六三、二〇五六页。）

〔四〕工，古文中通『功』字。

合口手而上下交，又打月内去偷桃。定计陈身忙下马，乌鸦伸腿如鹰鹞。

平空打下埋虎势，惊恍拥出尔难逃。武松上前捉猛虎，身而承劲如虎彪。

关公勒马回头打，虎豹掌而躜取穴。骑虎中堂，跨虎撩阴，悬壶吊斗，丧尔残生。

云掤手而往下陈，斧劈老君躜随跟。阴阳它来猴吊颈，打得汝手下躜伸。

姊妹弟兄手便出，牯牛靠栏抽尔肋。连环九子齐向手，上山豹，下山崩，车火盘肘豹彪分。

提拦肘，扭手躜，水涌船，步步高。怀虎月则身撩拗，小鬼推磨连根翻。

三快〔一〕

眼快，脚快，手快，头快。

五风〔二〕

肩风，肘风，停风，膝风。为人练得风法手，四海魁名第一家。

任是老汉丑宿力，『消革』两字神仙打。

〔一〕三快，实际内容为『四快』。

〔二〕五风，实际内容为『四风』。

十绝阵

一拔势，二边门，三勾肘，四滚肘，五内架，六搬笋，七晒衣，八脱柴，九过江，十拭额。

十不归

一勾煞，二拗马，三摆手，四捆马，五卜势，六挑〔一〕车，七捡剑，八分鬃，九看书，十分家。【此书法不可乱拿与人看，谨记。】

二人斗打十对敌

一对敌，偏身劈，边月斜下勾煞起；翻天印，虎豹披，景贝栽花复心捶。

二对敌，伤三盘，动步押手豹捶拦；白鹤踩莲勾拔势，九子连环起飞蹚。

三对敌，擒拿手，参闭擒拿齐向手；黑虎势上横天蹚，武松打虎姊妹手。

四对敌，答手炉，猫儿洗脸占身走；黑虎偷心扫莲势，张飞片马跌步丢。

五对敌，座马势，仙人呼琴托原庄；他若撩掀肘打来，牯牛靠栏破上方。

太极肘印门，原抛跌印门，惊系扭留门，银师悬抓门，七星拜座门，跌拦把勾门，八子太原门，惊七迎跌门，斗风斗打门，九门提抬手。

〔一〕挑，一是同『扩』字，二是表示『骗』。文中之『挑』，其意不明。

显应妙诀法

看来八门真祖宗，广大神通在手中。多少英雄操不出，只惟银钞不放松。要想全凭真妙诀，大仁大义称英雄。入我八门众弟子，立起门势任尔冲。

【忠心大义子弟，亦可传也。切莫乱传。】

练庄（桩）〔一〕法

后脚略弯前脚松，不丁不八不西东。进退借他三分力，出手谨防跌步空。动手动脚庄（桩）要稳，双目紧并视其胸。出手残拈修（休）〔二〕怕他，手足相合第一攻。后脚出躜前手冲，单枪匹马射灯笼。托手求救要用力，借势东来随势西。丢庄（桩）定要肩下力，偷梁换柱把手劈。侧身举步脚同移，揣想犹如是坎离。练就一身骨节巧，子午手中尽抛齐。

〔一〕庄，据文义，似为『桩』字之误。后同。
〔二〕修，据文义，应为『休』字之误。

三头五巧法

封头，拿头，捉头；巧手，巧脚，眼巧；进巧，退巧。七虚：动则虚、捞、刚、短、曲、荒、进。七实：笼则实、哄、静、移、变、巧、长。

操习真传妙诀

出手才推快直劲，动步三分借力行。教尔勤习庄手法，风头巧快操得灵。狮子抖毛挨身打，大鹏翅展掌复行。乌鸦赴地斜势走，铁牛耕地拔势进。袁（辕）[一]门曲身拿脚进，状元飞出马入营。翻腾舒展膝落地，火龙劈上滚金钞。上马金下银□□，戟边五关内汉宫。手似猿猴脚似猫，操练猫猴手捉形。翻行倒走两边板，无底斤头[二]风送云。左滚右滚连返躜，内滚外滚肘地寸。左板右板蹽步子，鲤鱼板子跳龙门。蛒蚂[三]树上赴地扫，蛤蟆跳井把脚伸。分腿高上扫金钞，□□五鼠闹东京。火内炼丹倒珠宝，□□炉中取夙精。九滚一十八扳手，□十八蹽火龙神。

〔一〕袁，据文义，应为『辕』字之误。

〔二〕斤头，此处疑指『筋斗』。

〔三〕蛒蚂，本卷的文武修释为『蛤蟆』。但此处之『蛒蚂』，其意不明。

收庄法

出手□□□腿边，横身上下软如绵。两□归胸无异□，不可闭中把力添。

变化都要手心眼，全靠掌中出一点。心防灵巧□□火，手探虚实把力起。

手从腿边起，侧身步轻移。藏身腰卜下，才占尽抛齐，四两搏〔一〕千斤。

小力打大力，双手擒住一。快打七星手，狮子托毛衣。

搏开雾云顶，明月照湿地。水里捞金鱼，蹚法追如泥。

大力打小力，大鹏展翅飞。快打连环肘，铁牛来耕地。

金鹤来点头，原庄等着尔。左右打进来，二下分高低。

三人打我一，龙灯捶法起。急出阴阳它，火龙[illegible]而去。

又打埋虎势，又打冲天捶。黄莺把儿赶，尾马合崩腿。

五人打我一，猿猴把树并。急起连环[illegible]〔二〕，急发金刚嗒（塔）〔三〕。

又飞齐向手，狮子把口吒。几个虎翻身，击鼓舞并杀。

雷打空心树，二虎来排牙。悬壶来吊斗，又把铁步拿。

〔一〕搏，今多习惯写为『拨』。后同。

〔二〕[illegible]，此字难以识别，待考。

〔三〕嗒，据文义，应为『塔』字之误。

七个把我打，猛虎把山下。秦王乱点兵，黑虎跳监（涧）法。

又把虎豹捶，□□丢步拿，金蛇吐剑手，龙灯好捶划。

张飞来击鼓，杨简（戬）〔一〕把山下。湘子〔二〕吹玉霄，撩阴来拗喉。

人多打我一，梅花枪而迎。关公来挑袍，连环腿而起。

饿虎来赴食，老莱〔三〕把戏彩。猫儿步老鼠，双板又捶移。

狮子来抖毛，回马枪法起。金刚大踏步，蹭法追如泥。

两□扯住手，收身蹭挡踬。后头抓住发，月下偷桃法。

当面扭住胸，撩阴拗喉上。又来抱我脚，关品（公）把印托。

后头抱住腰，倒提金鞍刁。当面抱住腰，二虎排牙抛。

当面合手抱，凤凰闪翅到。两边擒住走，狮子滚绣球。

四方打帮捶，抓个挡三□（椎）〔四〕。拿起人打人，□□□□□。

这个拿不起，火龙瞟□□。合口手抵住，拿个小的力。

扯住□□□，□□下山追。

〔一〕杨简，似为『杨戬』之误。杨戬，明代小说封神演义中的主要人物之一，二郎神的文学形象，师从玉虚宫玉鼎真人。

〔二〕湘子，即韩湘子，古代中国民间传说中的八仙之一，擅吹洞箫。

〔三〕老莱，即老莱子。历史上有老莱子彩衣娱亲的典故，汉代刘向列女传有记。

〔四〕原文字迹模糊，据文义，疑为『椎』字。

山下虎，下山豹，猛虎跳监（涧）隔山照。打条出路看吉兆，你看此手高不高。【此手□阴，进步，□□可有用亦可有益，众练□操，极更高也。】

十华（嵩）山邵陵（少林）寺〔一〕

岳武穆王，讳飞。得蒙周公之传授，后做了忠臣之神主位。公曰：入吾八门者，能艺以贵。有富豪者，持势高傲。以富压贫，目中无人。胸襟高强，能使人其心不平，自然有结下冤情之愆。又被苦恨之悲，尤逃冤家路窄。无义之徒，专起狼心，有不恻之礼。故尔公曰：叙忠之事。

信则宽，宽则明，明则恕，恕则仁。仁而无涵养之力，慈也，尽难叙矣。

故尔岳公教曰：能使人为贵，艺高华；能使人为贱，少欠候，不高也。能教人艺，尊敬师长与尊师重友之礼，可传。妙矣。

教打法马

捶要打捶半，肘要打步半。棍要打过山，箭打一条线。尽〔二〕要翻得员（圆），刀要顾身边。挡要团圈悬，枪要往前搏。战如尽一班。

〔一〕原本写法如此，标题旁用小字改『华』为『嵩』，改『邵陵』为『少林』，疑为后人所改。明万历戊子年（一五八八），赵光裕所著兵书收录邵陵拳势歌提到了『华山』，即『十华山上小神拳』。（故宫博物院编新镌武经标题正义，『故宫珍本丛刊』第三五二册子部兵家类，海南出版社，二〇〇〇，第八〇页。）

〔二〕尽，据文义，应为名词。前文有『钗要番得圆』，此处『尽』似为『钗』字。

解手法马

擒住我手【用托手】，擒住脚【三扳手，火龙势座五腿。下山崩，金鸡步，虎翻身】，擒住我腰【用搓手】，擒住我肘【摧肘破】，擒住面腰【用盘破，雾天黑地，贯耳端（揣）〔一〕颈，绵羊扰头，金鼓齐鸣】，擒住后腰【观音座（坐）莲，月下偷桃，二郎翻山，倒打金鞍】。□主发起，□□金骁。□□打，抓肾蛋。杠子手，探马手。用心操练死，擒拿要谨记。保身又保家，恐防遇歹人。

看庄病者

若肩出外，伤在内外穴；抬不起头，打伤顶心穴；饮食作寒，伤左扳山穴；两手不起，伤左偏池穴；咳嗽不转，伤在气目穴；两足发烧，伤在⿰月虫〔二〕大穴；两手软弱，伤左主扳穴；大便出血，伤在屈井穴；面如黄色，伤在耳后穴；吐血不止，伤在偏上穴；两手无力，伤在三关穴；气不相结，伤左成穴；饮食出汗，伤在肚脐穴；腰痛不止，伤在井线穴；两足无力，伤在凤凰穴。

此病宜吃草药【照前方法】，可安见功。

光绪丙子年嘉平月上浣〔三〕姚辅臣敬书

〔一〕端，据文义，似为『揣』字之误。揣，有捶击之意。

〔二〕⿰月虫，指蛆。文中之『⿰月虫』似有误。

〔三〕嘉平月上浣，指农历十二月上旬。